失敗から学ぶ［実務講座シリーズ］05

社労士が見つけた！

本当は怖い
採用・労働契約の
失敗事例
55

東峰書房

はじめに

「効果的な募集広告に応募してきた優秀な人材を採用し、試用期間を経て定着、大活躍で会社に貢献してくれた上に労働条件にも満足、労使ともにハッピーな関係が末永く続く」

というのが採用から始まる労使関係の成功事例を貫く限りなく細い1本の線だとすると、その周りには失敗事例という途切れた線が枝葉のように無数に広がっています。

募集広告の内容が不適切/応募がない/不採用者とモメた/内定を蹴られた/試用期間中に辞められた/給与・労働条件でモメた……

特にかつての終身雇用の姿が変容しつつある現代ではこのように途切れてしまう線の方が多いのかもしれません。本書はこれらの途切れた線を失敗事例としてご紹介することで、逆に成功という線を少しでも太く、より確率の高いものにしていただくことを願い刊行されました。どこに失敗事例に陥る分岐点があるかのポイントをつかみ、かつ全体像を俯瞰で理解できる内容になっています。

この「失敗から学ぶ[実務講座シリーズ]」は読者の方々が短時間で、印象的に、効率的に、必要な知識だけをストレートにインプットできるように、通常の実務書とは逆順で解説した、いわば「逆転のケーススタディ」で構成されています。例えば通常の実務書が「この法律はAだからB、Bなので実務の場面ではC、Dだと失敗するので要注意」というように構成されているのに対して、本書は読者の方々にとって重要かつ印象的な失敗事例Dから話をはじめています。

失敗事例

▼

失敗のポイント（なぜ失敗したか）

▼

正しい対応（どうすればよかったか）

▼

ポイント解説

また、実務書でありながら、読み物として一気に読めるのも本書の特長です。事例には架空の応募者、内定者、社員が登場し、時としてわがままな振舞いをします。

「こんな応募者がいたら怖いな」

「うちにもこんな社員いたなぁ」

などと、状況を思い浮かべ、あるいは過去の苦労話を思い出し、楽しみながら読み進めていただければ編著者としてさらに幸甚です。

辻・本郷税理士法人　HR室

室長　佐藤真知子

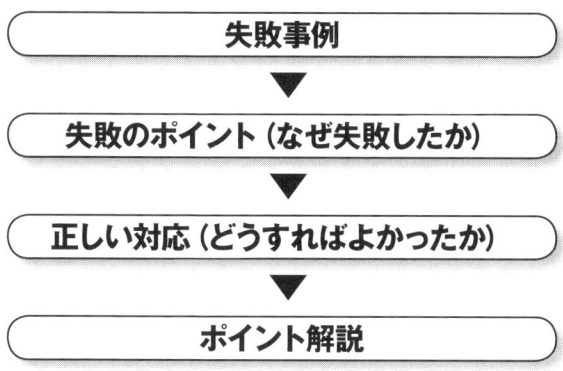

目次

社労士が見つけた!
本当は怖い採用・労働契約の失敗事例55

事例 01

採用面接で親の職業を聞く

建築事務所で総務人事を担当しています。新たに従業員を採用することとなり、５名ほど面接をしました。身元のしっかりした人を採用したいと思い、応募者に両親の職業や兄弟の職業を尋ねたところ、後日匿名で「面接で親の職業を聞くのは違反ではありませんか」と書かれたメールが届きました。

失敗のポイント

採用面接で応募者の親や兄弟の職業を聞いてしまいました。本人に責任のないこと、採用の判断に必要のない個人情報は聞いてはいけません。人権問題、男女差別等に抵触するような質問は企業イメージを悪くします。

正しい処理

出生地や家族に関することなど本人に責任のない事項、宗教や思想など本来自由であるべき事項等の質問は避けます。採用の判断に必要なのは、応募者の能力と適性であるはずです。面接時の質問は十分に配慮をしましょう。

[解説]

従業員の採用は、その基準を会社が任意に決めることができ、採用自体の可否も自由です。しかし、面接では必要以上にプライバシーに関わることを聞いたり、就職差別につながるような質問をしたりしないように配慮しなくてはなりません。

職業安定法では、応募者の個人情報は「その業務の目的の達成に必要な範囲内」で収集し、保管し、使用しなければならないとしています(職業安定法第5条の4)。

また、男女雇用機会均等法では「労働者の募集及び採用について、その性別にかかわりなく均等な機会を与えなければならない」と定められており、面接時に「結婚の予定の有無」などを女性にのみ質問することはできません(男女雇用機会均等法第5条)。

面接担当者は、採用の基準とともにあらかじめ質問項目を決めておき、実際の場で不必要な質問をしないよう留意をしたいところです。人種差別、男女差別、人権問題に抵触するような質問をすれば、クレームやインターネット上の書き込み、訴訟に発展するおそれもあります。

それでは、具体的にどのような質問に気をつければいいのでしょうか。厚生労働省は採用選考時に配慮すべき事項として次のように挙げています。

(http://www2.mhlw.go.jp/topics/topics/saiyo/saiyo.htm)

1.本人に責任のない事項

・本籍・出生地に関すること

・家族に関すること(職業、続柄、健康、地位、学歴、収入、資産など)

・住宅状況に関すること(間取り、部屋数、住宅の種類、近郊の施設など)

・生活環境・家庭環境などに関すること

2.本来自由であるべき事項

・宗教に関すること

・支持政党に関すること

・人生観、生活信条に関すること

・尊敬する人物に関すること

・思想に関すること

・労働組合・学生運動など社会運動に関すること

・購読新聞・雑誌・愛読書などに関すること

また、採用選考の方法として身元調査の実施や、合理的・客観的に必要性が認められない健康診断の実施は就職差別につながるおそれがあるとしています。

採用の判断基準となるのは、家族のことや出身地等ではなく、本人の能力と適性であるはずです。無用なトラブル、企業イメージのダウンを招かないためにも面接時の質問には配慮しましょう。

事例 02

男性のみ従業員募集

商社の人事担当をしています。当社では営業職は主に男性、営業事務は主に女性を採用しています。営業職の男性が退職することになったので、「営業マン募集」という原稿を作成して就職情報誌に掲載しようとしたら、担当者に「営業マンという表現はダメです」と言われてしまいました。

失敗のポイント

「営業マン」「生保レディ」「ウェイター」のように男女を区別した職種で募集することは、男女雇用機会均等法に違反します。「男性歓迎」「女性向きの職種」「貴女を歓迎」等の表現も同様です。

正しい処理

「営業マン」ではなく「営業職」として募集します。これは単に表示の問題ではありません。形式的に男女平等にしても、実際に性別を理由に男性を採用すれば違反となります（公正に判断した結果として、男性のみ採用することになった場合は違反にはなりません）。固定観念を取り払い、男女ともに均等な機会を与えて生産性を高めていきましょう。

[解説]

従業員の募集・採用にあたって、性別を理由とした差別的な取扱いは禁止されています。

男女雇用機会均等法第5条には「事業主は労働者の募集及び採用について、その性別にかかわりなく均等な機会を与えなければならない」とあります。具体的な禁止事項としては次のようなものが挙げられます。

1．募集・採用の対象から男女のいずれかを排除すること

例）応募の受付けを男性のみとする、「営業マン」「○○レディ」「男性向きの職種」「女性歓迎」等の表示をする

２．募集・採用の条件を男女で異なるものとすること

例）女性のみに未婚であることや自宅からの通勤を条件にする、応募できる年齢の上限が男女で異なる

３．採用選考において、能力・資質の有無等を判断する方法や基準について男女で異なる取扱いをすること

例）女性のみ筆記試験を行う、合格基準が男女で異なる試験を行う

４．募集・採用に当たって男女のいずれかを優先すること

例）「男性10人、女性5人」等男女別採用予定人数を明示しての採用、男性の選考が終わってから女性の選考を行う

５．求人の内容の説明等情報の提供について、男女で異なる取扱いをすること

例）男性のみに詳しい会社案内を送る、資料送付時期を女性のみ遅らせる、会社説明会を男女別々に開催する

また、直接的には性別に関係のない制度・運用であっても、間接的に男性あるいは女性を差別するおそれがある措置については「間接差別」として禁止しています（男女雇用機会均等法第7条）。

間接差別

１．募集・採用に当たって、労働者の身長、体重または体力を要件とすること

例）荷物運搬の業務であって、運搬するための設備が整っており、筋力が必要ないのに、一定以上の筋力を要件とする

２．総合職の労働者の募集または採用に当たって、転居を伴う転勤に応じることができることを要件とすること

例）広域にわたり展開する支店・支社がなく、今後もその計画がないのに、総合職の募集・採用に当たって全国転勤に応じられる

ことを要件とする

男女雇用機会均等法は、機会を均等にすることを定めており、結果の平等まで求めるものではありません。ですから、公正な判断をした結果として男性のみあるいは女性のみの採用となっても均等法違反とはなりませんが、公正な選考を行った記録を残しておきましょう。

事例 03

本採用の拒否

金属加工業の会社を経営しています。当社では試用期間を３カ月と定めています。あらたに採用した従業員Ｒは仕事の覚えが悪く、協調性にも欠けるため、今後正社員として勤務させるのは難しいと判断しました。試用期間が満了する直前に、本採用しない旨を伝えたところ「解雇なのでしたら、解雇予告手当がもらえますよね」と言われてしまいました。解雇ということにしたくないので、試用期間満了での本採用拒否なのですが……。

失敗のポイント

本採用の拒否は解雇にあたります。本採用後の解雇よりも広い範囲で認められるとはいえ、客観的合理性と社会通念性が問われますので、自由に解雇できるわけではありません。また、雇い入れから14日を過ぎていれば、解雇予告制度が適用されますので、30日以上前の予告か平均賃金30日分以上の解雇予告手当を支払う必要があります。

正しい処理

試用期間中は、会社が従業員を指導・教育する期間でもあります。仕事の覚えが悪く、協調性に欠けているからといって、ただちに本採用拒否とするのではなく、改善のための指導・教育を行ってください。それでも改善が見られない場合、解雇予告手当を支払って本採用拒否とします。

[解説]

試用期間中または試用期間満了後の本採用拒否は、解雇に該当します。本採用の前なら解雇は自由にできると勘違いしているケースも多いのですが、「なんとなく合わない」「やる気が見られないようだ」といった感覚的なことでの解雇は認められません。本採用の拒否にあたっても「客観的に合理的な理由があり、社会通念上相当と認められる場合」であることが必要です。対処を誤ると思わぬトラブルに発展しますので、慎重に行わなければなりません。

判例では、試用期間中の雇用契約は「解約権が留保された雇用契約」と解され、留保された解約権に基づく解雇は、通常の解雇より広い範囲における解雇の自由が認められるとされています（三菱樹脂事件　昭和48.12.12最高裁判決）。では、どのようなときにこの留保解約権の行使ができるのかというと、同じ判例によれば、企業が「採用決定後における調査の結果により、または試用中の勤務状態等により、当初知ることができず、また知ることが期待できないような事実を知るに至った場合において、その者を引き続き当該企業に雇用しておくのが適当でないと判断することに合理性がある場合」としています。つまり、面接では知り得なかった事実であって、従業員として不適格であると判断されるものが試用期間中に発覚したときに、本採用拒否ができるのです。採用の条件となっていた学歴が詐称であることが発覚した場合等が該当します。今回のケースのように、仕事の覚えが悪く、協調性がないという理由では、ただちに本採用拒否とすることは難しいでしょう。従業員として不適格であると判断した具体的根拠を客観的に示す必要があります。

試用期間中は、従業員に対して教育をする期間でもありますので、会社がどのような指導をしたのかも問われます。指導・教育をしているにもかかわらず改善が見られない場合に本採用拒否をしますが、雇い入れから14日を過ぎていれば解雇予告制度が適用されます。少なくとも30日前に予告をするか、平均賃金30日分以上の解雇予告手当を支払う必要がありますので注意してください。

裁判例　大同木材工業事件　（昭45.10.6　松江地裁）

試用期間中の従業員Xの職場および寮生活における協調性の欠如を理由とした解雇が、就業規則の普通解雇の事由に相当するとして有効とされた例。

・はじめての作業について、上長の指導・指示に従わず同僚との間にもトラブルがあった。

・チームで息を合わせる必要がある仕事において、とかく調和を乱して個人プレーに走り、上長の指導にもかかわらずその態度を改めようとしなかった。
・寮生と日常の挨拶を交わすことも少なく、レクリエーションにも参加せず、寮生の共同使用の洗濯機を独占して譲り合わないこともあり、極めて協調性に乏しかった。

これらの証拠より、会社は30日以上前に予告をして、雇用契約の解約を申し入れることができるとした。

「雇用期間の定めのない雇用契約については使用者において労基法第20条第1項により少なくとも30日前にその予告をして当該雇用契約の解約を申し入れることができ、労働契約、就業規則及び労働協約等により右解約申し入れの理由につき制限が付せられていない以上、使用者は原則として予告解雇の自由を有し、右解雇が解約権の濫用に当らぬ以上有効なものと解するを相当とするところ、試用期間は労働者の職務上の能力、人物を判断することを目的として設けられたものであるが、労働契約と別個の契約ではなく、試用の当初から労働契約が締結されているものであり、従って本件就業規則中普通解雇に関する規定は試用工にも適用されるものと解せられる。」

事例 04

内定辞退

情報サービス業の会社で人事担当をしています。今春卒業予定の新卒学生Ａに採用内定の通知を行い、Ａを迎え入れるため、資料の送付や備品の購入等の準備をしていました。

ところが、入社日直前になってメールで「申し訳ありませんが他の企業への就職が決定したため、辞退させてください」との連絡がありました。人員の計画に狂いが出てしまい、困っています。

Ａに提出させている内定誓約書には「入社を拒否しない」とあります。内定辞退は違反だと思うのですが……。

失敗のポイント

内定誓約書には法的な拘束力がありません。内定誓約書よりも憲法第22条「職業選択の自由」の法的拘束力のほうが強いため、内定辞退も他社への就職もできます。よほど悪質な場合は、内定者に対して損害賠償請求をすることも可能ですが、企業イメージのことも考えるとあまり現実的ではありません。

正しい処理

内定誓約書は、心理的効果が期待できますので意味のない書類ではありません。しかし、誓約書提出後であっても、内定辞退はあり得ると考えておいたほうがいいでしょう。内定辞退を防止するには、内定者同士あるいは内定者と会社のコミュニケーション、フォローを行い、帰属意識を高めることが必要です。

[解説]

新卒学生の採用を行い、内定通知を出す際、入社の意思を確認するために内定誓約書を提出させる会社も多いでしょう。裁判例では、内定通知と内定誓約書提出をもって「解約権が留保された労働契約」が成立するとされています。労働契約が成立してから、会社が一方的に解約をするのは解雇に該当しますので、内定取消しは慎重に行わなければなりません。ハローワーク等へ通知をする必要もあります（事例05　業績悪化による内定取消し　参照）。

では、内定者側からの辞退はどうでしょうか。内定誓約書を提出したあとであっても憲法で保障された「職業選択の自由」がありますので、内定辞退も他社への就職も可能です。内定誓約書は入社を強制できるものではなく、社会人としての意識を芽生えさせ、「この会社で頑張っていくぞ」と心理的効果を狙うものです。会社としては腑に落ちない部分もありますが、内定辞退はあり得ると考えておかざるを得ません。内定者用に備品を購入したり、外部講師を呼んだ研修を行ったりすれば、これらの費用が損害になりますので、損害賠償を請求することは可能です。しかし、新卒学生に対して損害賠償請求をするのは、企業のイメージダウン等デメリットのほうが多く、現実的でないでしょう。

内定辞退を防止するためには、内定者同士や内定者と会社がコミュニケーションできるような機会創出、社内報の送付、インターネット上の掲示板等のツール活用等が考えられます。帰属意識を高める工夫をしていくほかありません。

内定誓約書

年　　月　　日

このたび、私は貴社の採用内定通知を受け取りました。つきましては、貴社へ入社することを誓約するとともに、下記事項を遵守いたします。

記

1. この内定誓約書を提出後は、正当な理由なく、また無断で入社を拒否しません。
2. 卒業できなかった場合、内定を取消されても異存ありません。
3. 会社に対し虚偽の報告は一切行いません。
4. 指示された手続き書類は、遅滞なく提出します。
5. 故意または重大な過失より、貴社に損害を与えた場合は賠償の責を負います。

以上

内定者氏名

事例 05

業績悪化による内定取消し

広告系の会社で人事担当をしています。当社では新卒の採用選考を行い、今春卒業予定の学生２名に対し、12月１日に内定を出していました。ところが、年末に取引先の倒産があり、経営状況が悪くなったため内定を取消さざるを得なくなりました。内定の通知は出しているものの、まだ雇用契約は結んでいませんので、本人に電話とメールにて内定を取消す旨を伝えるのみ行いました。すると、内定者から「納得できません。これは解雇ではないですか」と言われてしまいました。

失敗のポイント

労働契約を結ぶ前だからと、安易に内定を取消してしまいました。

業績悪化を理由とする内定取消しは、整理解雇に匹敵するほどの合理的理由が必要であるとされています。内定を取消さざるを得ない場合、適切な手続きをとらなければなりません。

正しい処理

採用内定の通知をし、入社日、勤務場所等の具体的な条件を提示したり、誓約書など必要書類の提出を求めたりした時点で労働契約は成立していると見なされます。

内定取消し回避のために最大限の努力をしたにもかかわらず、やむを得ず内定を取消す場合は、あらかじめハローワーク等に通知をします。そして、誠意をもって本人に事情を説明しましょう。

[解説]

採用内定は「解約権を留保した労働契約」であり、会社が新卒学生に対し内定の通知をし、誓約書等の書類提出を求めたり、勤務場所等の具体的労働条件を提示したりした時点で成立するとされています（大日本印刷事件　昭54.7.20　最高裁判決、電電公社近畿電通局事件　昭55.5.30　最高裁判決）。

労働契約が成立している以上、それを会社の都合で一方的に解約することは解雇に該当します。したがって、客観的に合理的な理由を欠き、社会通念上相当であると認められない場合は、権利を濫用したものとして無効となります。

会社の業績悪化を理由に内定取消しをする場合は、従業員を整理解雇するのに匹敵します。「整理解雇の4要件（4要素）」を総合的に考慮して、内定取消しの有効性が判断されることになります。

整理解雇の４要件

１．人員整理の必要性

会社の維持・存続のために人員整理が欠かせないことです。売上や業務量の減少の程度などから客観的に合理化の必要性が判断されるような状況が必要です。

２．解雇回避の努力

整理解雇を決断するまでに、残業の削減、役職者の手当カット、新規採用停止、一時帰休、希望退職の募集など解雇を回避するための努力をしたかどうかが問われます。

３．人選の合理性

整理解雇の対象者を選ぶときの基準が合理的であることです。貢献の度合いや年齢、再就職の可能性考慮等が考えられます。女性や労働組合員、特定の思想を持つ者等を対象にすることは認められません。

４．手続きの妥当性

整理解雇の必要性や内容について納得を得るための十分な説明・協議を行う必要があります。

内定取消しの前に回避の努力を最大限に行い、それでも取消さざるを得ない場合には、適切な手続きをとってください。あらかじめハローワークおよび学校に、所定の様式により通知をし（職業安定法施行規則35条2項）、本人には誠意をもって事情を説明します。また、本人から内定取消しの理由について証明書を求められた場合は、遅滞なく交付しなければなりません。そして、就職先の確保について最大限の努力をするとともに補償等の要求があった場合は、誠意をもって対応することが求められます。
また、内定取消しが次のいずれかに該当する場合は、企業名が公表されることになっています。

1. 2年以上連続して内定取消しを行った企業
2. 同一年度内において10名以上の者に対して内定取消しを行った企業
3. 事業活動の縮小を余儀なくされていると認められないのに内定取消しを行った企業
4. 次のいずれかに該当する事実が確認された企業
   ・内定取消し対象者に対して十分な説明を行わない
   ・内定取消し対象者の就職支援を行わない

内定の通知を受けた新卒学生は、他の会社への就職の可能性を放棄して就業の準備をするわけですから、内定取消しはショックが大きく重大な問題です。企業イメージのダウンにもなります。十分慎重に行ってください。

事例 06

採用見送りで履歴書返却をしない

企業の人事担当をしている者です。当社では、採用選考をした結果の通知を採用内定者にのみ行っています。不採用の場合はとくに連絡を入れず、応募書類の返却も行っていません。シュレッダーにかけて破棄しています。しかし、応募者から「個人情報なので、不採用なら履歴書を返却してほしい」と言われてしまいました。

失敗のポイント

法的には応募書類の返却の義務はありません。しかし、個人情報に関する意識は高まっており、個人情報保護の信頼を得るためには、応募書類を返却することが望ましいでしょう。

正しい処理

不採用通知とともに応募書類を返却するのが望ましいですが、返却しない場合にはあらかじめ責任を持って廃棄する旨を応募者に伝えておきます。

情報が漏えいすれば民事上の責任を問われることにもなりますので、慎重に取扱います。

[解説]

職業安定法には､｢業務の目的の達成に必要な範囲内で求職者等の個人情報を収集し、並びに当該収集の目的の範囲内でこれを保管し、及び使用しなければならない｣とあります(第5条の4)。個人情報保護法においても、個人情報取扱事業者(個人情報を5,000以上扱う事業者)は、原則として目的の範囲を超えて個人情報を取り扱うことが禁止されています(第16条)。不要となった個人情報について、本人に返却することを義務付けているわけではありませんので、不採用となった応募者の書類を返却しなくても問題はありません。

しかし、不採用によって不要になった応募者からの履歴書や職務経歴書などの原紙は、不採用通知とともに本人に返却するのが一般的です。個人情報に関する意識は高まっていますから、個人情報保護の信頼を得るためには、返却することが望ましいでしょう。返却しない場合には、あらかじめ応募者に責任を持って破棄する旨を伝えておきます。今回は縁がなかったとしても、今後お客様となったり取引先となったりすることがあるかもしれません。礼儀正しく丁寧に応対するようにしましょう。

会社が情報を漏えいして本人に損害を与えた場合は、損害賠償責任を負います。応募者の情報に関しても慎重に取り扱うことが大切です。

なお、採用決定の通知と不採用の通知文例を掲載しておきますので、参考にしてください。

（採用決定の通知）

平成　年　月　日

様

株式会社

代表取締役

採用内定通知書

拝啓　時下ますますご清祥のこととお慶び申しあげます。

このたびは、当社の入社試験にご来社いただき、ありがとうございました。

厳正なる選考の結果、採用内定させていただくことになりましたので、謹んでお知らせいたします。

つきましては、下記の書類を平成○○年○○月○○日までにご返送ください。なお、入社日につきましては別途ご連絡いたします。

敬具

記

1. 内定誓約書
2. 身元保証書
3. 卒業見込証明書
4. 健康診断書

以上

（不採用の通知）

平成　年　月　日

様

株式会社

代表取締役

採用選考結果のご通知

拝啓　時下ますますご清祥のこととお慶び申し上げます。

このたびは、当社の入社試験にご応募いただき誠にありがとうございました。慎重に選考を重ねました結果、残念ながら今回は採用を見送りましたことをご通知いたします。

ご志望に添うことができませんでしたが、何卒ご了承くださいますようお願い申し上げます。

お預かりしました応募書類を同封いたしますのでご査収ください。

末筆ではありますが、貴殿のより一層のご活躍をお祈りいたします。

敬具

MEMO

事例 07

入社前の研修

企業の人事担当をしている者です。当社では、3月に2日間の新入社員研修を行っています。入社日は4月1日ですが、すぐに仕事に慣れるように、ビジネスマナーや仕事上のルールを習得させたり、社内の施設を見学させたりしています。対象は新入社員となる者全員です。この2日間については、とくに賃金を支払っていません。

4月の給料日に新入社員の1人から「研修日の分の手当はないんですか?」と聞かれてしまいました。

失敗のポイント

内定者に参加を義務付けている研修なのであれば、「労働時間」に当たりますので賃金を支払わなくてはなりません。

参加が任意であり、参加しなくても入社後の業務や条件に影響がない研修は、賃金を支払う必要はありません。

正しい処理

入社前研修の２日間分の賃金を支払います。

ただし、初任給を日割り計算あるいは時間給計算した賃金を支払う必要はなく、最低賃金以上の金額を支払えば足ります。

[解説]

内定者に対し、入社前に研修を行う企業も多いでしょう。入社前研修は、内定者を囲い込む、内定者同士の連帯感を生みだす、内定者の能力・モチベーションアップ等の意味があります。この研修について、内定者に賃金を支払うべきかどうかは、研修の時間が「労働時間」となる否かによります。

労働時間とは「労働者が使用者の指揮命令下に置かれている時間」をいい、参加が強制である研修は労働時間に該当します。今回のケースのように、内定者全員に参加を義務付けており、入社後必要なルールや技能の習得のための研修は、賃金を支払う必要があります。一方、参加が自由であり、参加しなくても入社後の業務や条件にまったく影響がない研修は、賃金を支払う必要がありません。社会人としての一般教養を身につけさせるような研修、先輩社員との親睦をはかるような研修が該当するでしょう。

入社前研修の賃金は、入社後の賃金と同じである必要はありません。最低賃金を下回ることはできませんが、「研修手当」として通常の賃金よりも低く設定した金額を支払う会社が多いようです。アルバイト代として計算するケースもあります。

事例 08

入社時の必要書類提出が遅い

WEBマーケティングの会社で人事担当をしています。新入社員のR君が入社時に必要な書類をなかなか提出せず、入社20日が経過してからようやく提出しました。就業規則では、「入社後1ヶ月以内に必要書類を提出する」となっていたので、あまり問題にしていなかったのですが、提出書類を確認して驚きました。採用の条件となっていた学歴が詐称だったことがわかったのです。大卒として採用したのに、実際は高卒でした。

R君を解雇することとなりました。当社の試用期間は3ヶ月としていますが、採用後14日を過ぎての解雇は解雇予告手当が必要だとのことで、平均賃金30日分の解雇予告手当を支払うことになってしまいました。

失敗の
ポイント

　必要書類を入社後１ヶ月以内に提出することと定めてしまっていました。
　会社が決めた試用期間の長さにかかわらず、法律上、採用後１４日を過ぎての解雇は解雇予告制度（少なくとも３０日前の解雇予告または平均賃金３０日分以上の解雇予告手当の支払い）が適用されます。

正しい
処理

　卒業証明書、履歴書等「必要書類は入社日当日に提出しなければならない」等、入社後１４日以内に内容確認ができるような日数を定めて就業規則に規定しておきます。正当な理由なく提出期限を守らない場合は、懲戒処分の対象となることも定めておきます。

[解説]

従業員を雇い入れた当初に試用期間を設けて、その間に適格性や能力を判断し、本採用に移行するようにしている会社は多いです。試用期間経過後に本採用を拒否したり、試用期間中に解雇したりするのは、本採用後の解雇に比べて比較的判断の基準が緩やかになりますが、解雇であることには変わりありません。従業員を解雇する場合は、少なくとも30日前の予告か、平均賃金の30日分以上の解雇予告手当を支払うことが義務付けられています(労働基準法第20条)。

解雇予告制度適用の例外に「試用期間中の従業員の解雇」がありますが(労働基準法第21条)、これは雇い入れから14日以内に限定されています。就業規則に規定した解雇の事由に相当する事実が発覚しても、雇い入れから14日を過ぎてしまうと解雇の際には解雇予告制度が適用されるのです。

今回のケースでは、新入社員のRさんが提出した書類によって学歴詐称が発覚しました。入社後14日を過ぎていたので、Rさんには平均賃金30日分の解雇予告手当を支払うこととなってしまいました(懲戒解雇であっても、原則的には解雇予告制度の適用を受けます。労働基準監督署に「解雇予告除外認定」を提出し、認められれば、解雇予告手当を支払うことなく即日解雇が可能です)。

こういったリスクを避けるためにも、必要書類は入社後14日以内に確認できるようにしておきたいものです。就業規則に、「従業員は、会社が指定した書類を入社日当日に提出しなくてはならない」等の規定を入れておきましょう。また、正当な理由なく提出期限を守らない場合は、懲戒処分の対象となることも定めておきます。

なお、入社時に提出させる書類には一般的に次のようなものがあります。

1. 履歴書
2. 卒業証明書・成績証明書（新卒の場合）
3. 職務経歴書（前職がある場合）
4. 健康診断書
5. 身元保証書
6. 誓約書
7. 年金手帳（以前に国民年金または厚生年金に加入していた場合）
8. 雇用保険被保険者証（以前に雇用保険に加入していた場合）
9. 源泉徴収票（採用年に他社からの給与所得がある場合）
10. 給与所得者の扶養控除等（異動）申告書
11. 健康保険被扶養者（異動）届（扶養に入る人がいる場合）
12. 通勤経路・通勤費の申請書
13. 給与の振込依頼書
14. 住民票記載事項の証明書

事例 09

入社時に「住民票の写し」を求める

ホテル運営会社の人事担当をしています。当社では以前から入社時に必要な書類として「住民票の写し」を従業員に依頼していました。就業規則にもそのように記載しています。先日、中途で入社した者から「個人情報なので問題があるのでは」と指摘されてしまいました。

失敗のポイント

住民票の写しを入社時の提出書類として定めていました。違法ではありませんが、画一的に戸籍謄（抄）本、住民票の写し等の書類の提出を求めるのは避けるべきとの行政通達が出ています。

正しい対応

入社時には住民票の写しではなく「住民票記載事項の証明書」を提出させることとします。戸籍謄(抄)本、住民票の写しは、必要が生じた場合に、合理的理由を説明したうえで提出してもらいましょう。

[解説]

住民票には本籍や世帯主、以前の住所なども記載されています。一方、「住民票記載事項の証明書」には必要な項目のみ記載されます。従業員の住所確認のために提出してもらうのであれば、「住民票記載事項の証明書」で問題ありません。

現在の履歴書には本籍地を記入する欄がありませんが、出身地による差別や偏見がないよう配慮するためです。従業員の能力とは関係ない個人情報は収集しないようにしなければなりません。

厚生労働省は次のような通達を出しています。

1. 就業規則等において、一般的に、採用時、慶弔金等の支給時等に戸籍謄(抄)本、住民票の写し等の提出を求める旨を規定している事例があるが、可能な限り「住民票記載事項の証明書」により処理するよう指導すること

2. 戸籍謄（抄）本及び住民票の写しは、画一的に提出または提示を求めないようにし、それが必要となった時点（例えば、冠婚葬祭等に際して慶弔金等が支給されるような場合で、その事実の確認を要するとき等）で、その具体的必要性に応じ、本人に対し、その使用目的を十分に説明の上提示を求め、確認後速やかに本人に返却するよう指導すること
3. 年齢を証明する戸籍証明書（労働基準法第57条）に代えて住民基本台帳法第7条第1号（氏名）及び第2号（出生の年月日）の事項についての証明がなされている『住民票記載事項の証明書』を備えれば足りる（昭50.2.17基発83号、婦発83号、平9.2.21基発105号）

就業規則に入社時提出書類として「住民票の写し」と規定している場合は、「住民票記載事項の証明書」に変更しましょう。家族手当の支給や慶弔金支給等で確認のために住民票の写しや戸籍謄（抄）本の提出を求める必要が生じた場合は、その必要性を十分に説明したうえで提出してもらいます。

事例 10

身元保証書の有効期間

従業員10名ほどの会社を経営しています。経理を担当している入社4年目の従業員Tが突然会社に来なくなりました。少し調べたところ、Tは会社のお金を横領していたことがわかりました。金額は300万円程度ですが、そのままにしておくわけにはいきません。本人に連絡がとれないので、身元保証人に電話をしました。すると、「有効期間は過ぎているので、私に責任はありません」と言われてしまいました。身元保証書を確認すると、とくに期限については書いていません。

失敗のポイント

身元保証書の有効期限について理解していませんでした。期間の定めをしない場合、保証期間は自動的に3年となります。入社4年目ということは、すでに有効期間が切れていますから、身元保証人に賠償責任を請求することはできません。

正しい処理

身元保証契約は5年間の期間を定めて結んでおきます。自動更新はできませんので、更新する場合は改めて手続きをしてもらう必要があります。実際には、5年間真面目に働いていれば、あらためて身元保証契約を結ぶことは稀です。

[解説]

雇い入れの際、「身元保証書」の提出を求める会社は多いですが、その内容については意外と知られていないかもしれません。

身元保証契約とは、従業員の身元保証人と会社との契約で、その従業員が会社に与えた損害について、従業員と連帯して賠償責任を負うことを保証するものです。身元保証人を誰とするかは特に定めはありません。2人以上とすることも問題ありませんし、別世帯の者に限定することも可能です。しかし、あまり条件をつけると、本人の事情によっては身元保証書を取ることが困難になりますので、会社としては配慮することが必要でしょう。

身元保証契約について、身元保証人の責任が不当に過重にならないように、「身元保証ニ関スル法律」が制定されています。

期間の定めのない身元保証契約は、原則として有効期間が3年間となります。期間を定めた場合でも、5年を超えることはできません。

従業員の業務上の不適任や、不誠実な言動によって身元保証人に何らかの責任を負わせかねないことがわかったとき、仕事内容が変わって身元保証人が負うべき責任が重くなったとき、転勤によって監督困難になったときなどには、会社はその旨を身元保証人に通知しなければならないことになっています。

通知を受けた身元保証人は、上記に該当することによって管理監督することができないと感じた場合には身元保証契約を解約することができます。

実際に、従業員のミスやトラブルによって損害を受けた場合、損害賠償額は100％にはなりません。職場で従業員を管理監督しているのは、身元保証人ではなく会社です。会社側にも責任があるため、損害賠償請求額の半額にも満たないのが現実のようです。

また、過去の裁判例の多くで、本人が負担すべき賠償額に比べて、身元保証人が負担すべき賠償額は減額されています。

リスク回避のために、身元保証契約は5年間の保証期間を定め、内容を十分理解してもらったうえでサインしてもらいましょう。

身元保証書

株式会社

代表取締役　　　　　　　　　　殿

本人　現住所

氏名　　　　　　　　　　印

上記の者が貴社に入社するに際し、身元保証人として、本人が会社の就業規則及び諸規則を遵守して誠実に勤務することを保証いたします。

万一、本人が故意または重大な過失によって貴社に損害を与えた場合は、本人をもってその責任をとらしめるとともに、連帯して、その損害を賠償する責任を負うことを確約いたします。

なお、本身元保証期間は、契約締結の日より5年間とします。

平成　　年　　月　　日

住所

電話番号

本人との関係

氏名

印

事例 11

インターンシップの学生への報酬

製造業の会社で人事担当をしています。当社では、昨年からインターンシップ制度を実施しており、数名の学生を職場に受入れています。施設の見学や製造工程の説明のほか、従業員の補助的な業務を体験させています。

教育活動の一環ですから賃金は支払っていませんが、交通費ということで１日2,000円を支給しています。

失敗のポイント

名目は何であれ、実態として「労働者」に該当すれば、労働基準法をはじめ関係法令の適用を受けます。最低賃金以上を支払わなければ違反になりますので注意が必要です。

また、労働者と見なされる場合には、実習中の事故についても労災保険法の適用があります。

正しい処理

会社説明会や職場見学会に類するようなもので、教育の一環として行われる本来のインターンシップ制度であれば、学生は労働者になりませんので、あまり問題にはならないでしょう。

しかし、直接生産活動に従事し、会社が指揮命令をするのであれば労働者と見なされます。従業員の補助的業務に従事させるような実践的なインターンシップを実施したい場合は、アルバイトとして雇用し最低賃金法の基準以上の賃金を支払うことを検討してください。

[解説]

インターンシップ制度とは、「企業等の場における学生に対する教育活動」と解されており、多くは夏休みなどの長期休暇を利用して、インターンシップ制度を実施している企業に学生が申込んで行われます。大学のカリキュラムに組み込まれ、単位を取得できるようになっている場合もあります。

学生にとっては、実地体験を通じて自分に合った就職先を検討することができ、就職活動時も有利に働くというメリットがあります。企業側にとっても、採用後のミスマッチを防ぎ、優秀な人材を採用できる機会となります。

教育の一環として行われるインターンシップにおいて、学生は労働者ではありませんから、労働基準法等の労働法は適用されません。実習中に事故があっても、労災保険法の適用がありません。「インターンシップにおける学生の労働者性」については、次のような通達が出されています。

「一般に、インターンシップにおいての実習が、見学や体験的なものであり使用者から業務に係る指揮命令を受けていると解されないなど使用従属関係が認められない場合には、労働基準法第9条に規定される労働者には該当しないものであるが、直接生産活動に従事するなど当該作業における利益・効果が当該事業場に帰属し、かつ、事業場と学生との間に使用従属関係が認められる場合には、当該学生は労働者に該当するものと考えられ、また、この判断は、個々の実態に即して行う必要がある。」(平9.9.18　基発636号)

つまり、直接生産活動に従事し、企業が指揮命令をするのであれば、インターンという名目にかかわらず「労働者」と見なされます。「インターンの経験のためだから」と言って、従業員と同じような仕事をさせ、報酬を支払わないのは違法です。最低賃金法の基準以上の賃金を支払わなければなりません。

また、学生が労働者と認められない場合は労災保険法の適用がありませんが、研修施設等企業内の事故については、会社に過失があれば損害賠償責任が発生します。インターンシップ制度を実施するにあたっては、事故のリスクも考慮して、実習の範囲も検討することが必要になるでしょう。インターンシップ中の事故について、大学や学生が賠償責任保険および損害保険などに加入しているかどうか確認することも大切です。

座学ではなく実践的なインターンシップを実施したい場合は、労災保険も適用になり、労働法違反のリスクがないアルバイトとして雇用することを検討するのがいいでしょう。

事例 12

入社前研修中のケガ

化学メーカーの人事担当をしています。当社では毎年３月に、採用内定者全員を集めて丸一日の入社前研修を行っています。本社の会議室にて人事担当者がビジネスマナーや商品知識を教えるものです。

この入社前研修で職場を見学させている際、内定者の一人が機械に接触してケガをしてしまいました。入社前なので労災はおりないと思いますが、会社の責任は何かあるのでしょうか。

失敗のポイント

参加が義務付けられている研修は「労働時間」にあたりますから、内定者も「労働者」と見なされ、賃金の支払いが必要です。きちんと賃金が支払われており、研修時間中に職場内の機械によってケガをしたのであれば、原則として労災保険が適用されます。

正しい処理

労働契約関係がなくても、企業の研修施設内に内定者を受入れている間は安全配慮義務を負っています。労災保険法適用の有無にかかわらず、入社前研修中の事故には損害賠償責任が発生しますので注意が必要です。

事故のリスク等を考えて研修の範囲を検討するか、アルバイトのかたちで労災保険を適用させるようにしましょう。

[解説]

入社前研修の事故が労災保険適用となるかどうかは、内定者に労働者性があるかどうかが問題となります。参加が任意で、一般常識やマナーの講習のような研修であれば、参加者は労働者とは言えず、日当が支払われても「恩恵的なもの」と解釈されます。一方、参加が義務付けられており、入社後必要な業務知識等の研修であれば、その研修は「労働時間」であり、賃金支払い(少なくとも最低賃金以上)が必要です。今回のケースは全員参加の研修ですから、内定者は「労働者」と判断されるでしょう。

そのうえで、労災保険給付の対象となるには、業務遂行性と業務起因性が必要です。

業務起因性

労働者が、災害発生時に使用者の支配下・管理下に置かれていること

業務遂行性

研修と災害との間に相当の因果関係があること

今回のケースのように、研修時間中に職場の機械によってケガをした場合は、業務遂行性と業務起因性があると考えられます。

もし、任意参加の研修等で、参加者に労働者性が認められない場合はどうなるのでしょうか。

会社は安全配慮義務を負っているので、その災害に過失があれば損害賠償責任を負います。

裁判例でも、相手方と労働契約関係になくても安全配慮義務を負うと判示されたものがあります。

安全配慮義務は「ある法律関係に基づいて特別な社会的接触の関係に入った当事者間において、その法律関係の付随義務として当事者の一方又は双方が相手方に対して信義則上負う義務として一般的に認められるべきもの」(自衛隊車両整備工場事件　昭50.2.25　最高裁)。

任意参加の入社前研修でも、内定者の安全には十分に配慮して研修内容を決め、民間の保険加入なども検討する必要があるでしょう。

事例 13

雇用契約書を交わしていない

設計事務所で総務人事をしています。当社では「労働条件通知書」により、賃金の額や就業時間等の条件を知らせています。先日中途採用した従業員Ｔにも、条件を口頭で説明したほか労働条件通知書を交付しました。しかし､入社１ヶ月ほど経ってから「試用期間があるとは聞いていない」と言ってきました。試用期間は６ヶ月で、その間は有給休暇がありません。労働条件通知書には確かにその旨を記載しているはずなのですが、Ｔは「そのような文書はもらった記憶がない」と言います。当社は従業員が８名ほどですので、就業規則は作成していません。

失敗のポイント

雇用契約書を交わしていませんでした。

法律上は、労働条件を通知すれば会社は義務を果たしていることになりますので、労働条件通知書で問題ありません。雇用契約自体は、会社と従業員の口約束でも有効とされます。しかし、後から言った言わないのトラブルが発生しやすくなります。

正しい処理

労働条件通知書は会社からの一方的な通知であるのに対し、雇用契約書は会社と従業員が合意して成立します。トラブルを防止するには、合意の証である雇用契約書を交わし、会社と本人が１部ずつ持つようにします。

[解説]

労働条件は、「聞かされていたものと違う」とトラブルが起こりやすく、あいまいにできません。労働基準法第15条では、会社に労働条件の明示を義務付けています。

明示すべき事項には、書面にて明示しなければならない「絶対的明示事項」と、口頭でもよい「相対的明示事項」があります。相対的明示事項は、就業規則等で定めがある場合にのみ明示すればよいことになっています。

絶対的明示事項

- 契約期間
- 就業の場所および従事すべき内容
- 始業・終業の時刻、休憩時間、休日、休暇、所定労働時間を超える労働の有無、ならびに交代勤務の場合は就業時転換に関する事項
- 賃金の決定、計算および支払いの方法、賃金の締切りおよび支払いの時期、昇給に関する事項
- 退職に関する事項(解雇の事由含む)

*昇給に関する事項は、書面の交付は義務付けられていない

相対的明示事項

- 退職金に関する事項
- 臨時に支払われる賃金、賞与、最低賃金に関する事項
- 従業員に負担させる食費、作業用品等
- 安全、衛生に関する事項
- 職業訓練に関する事項
- 災害補償、業務外の傷病扶助に関する事項

・表彰、制裁に関する事項
・休職に関する事項

この規定によって明示した労働条件と実際の労働条件が違った場合、労働者は即時に労働契約を解除できます。そして、就業のために住居を変更していた労働者が契約解除から14日以内に帰郷する場合、会社はその旅費を負担しなければなりません。

これら労働条件を従業員に通知するには、「労働条件通知書」を従業員に渡して説明するか、「雇用契約書」によって合意を得るかが考えられますが、「そんな条件は聞いていない」「通知書をもらっていない」などといったトラブルを防止するためにも雇用契約書を交わすのがいいでしょう。労働条件通知書は会社からの一方的な通知ですが、雇用契約書は会社と従業員の合意によって成立します。合意の証として、雇用契約書を会社と本人で1部ずつ持つようにします。単に契約書を交わすだけでなく、労働条件を丁寧に説明することも大切です。

雇用契約書は、入社日までに交わしておきましょう。これから就業するにあたって、会社のことや働き方を理解し、頑張ってもらえるようにしたいものです。

なお、就業規則の作成・届出義務が発生するのは常時使用する労働者が10人以上の事業所ですが、10人未満の事業所も社内のルールとして就業規則を作成し、統一的に管理するのが合理的です。

雇用契約書

氏名　　　　　　　　　　殿　事業所　所在地

名　称

　代表者　　　　　　　㊞

雇用条件は次のとおりとします。

雇用契約	1　期間の定めなし （平成　　年　　月　　日　雇入れ） 2　期間の定めあり： 平成　　年　　月　　日　～　平成　　年　　月　　日
雇用形態	正社員・パートタイマー・嘱託・その他（　　　　　　）
就業の場所	
従事する業務の内容	
始業・終業の時刻及び休憩時間	1　始業・終業の時刻： （始業）　　時　　分～（終業）　　時　　分 2　休憩時間：　　　　　　　　分 3　1週間の所定労働時間：　　　　時間　　分 4　変形労働時間制：　　　　　　単位 5　交替制： （始業）　　時　　分～（終業）　　時　　分 （始業）　　時　　分～（終業）　　時　　分 （始業）　　時　　分～（終業）　　時　　分 6　フレックスタイム制：始業及び終業の時刻は労働者の決定に委ねる。 フレキシブルタイム （始業）　　時　　分～　　時　　分 （終業）　　時　　分～　　時　　分 コアタイム　　時　　分～　　時　　分 7　裁量労働制： （始業）　　時　　分（終業）　　時　　分を基本とし、 労働者の決定に委ねる。 ※詳細は、就業規則による。

所定外労働の有無	1　所定時間外労働の有無：　有　・　無 2　休日労働の有無：　有　・　無
休日	1　定例日：　毎週　　曜日、国民の祝日、 　その他（　　　　　　　　） 2　非定例日：　　週・　　月当たり　　日、 　その他（　　　　　　　　） 3　1年単位の変形労働時間制の場合：年間　　日
休暇	1　年次有給休暇　6ヶ月継続勤務した場合：　　日 2　その他の休暇： 　①有給の休暇（　　　　）、 　②無給の休暇（　　　　） ※詳細は、就業規則による。
賃金	1　基本賃金： 　イ　月給（　　　円）、ロ　日給（　　　円）、 　ハ　時間給（　　　円）、ニ　その他（　　　円） 2　諸手当： 　イ　　　手当（　　　円／　　　）、 　ロ　　　手当（　　　円／　　　）、 　ハ　　　手当（　　　円／　　　）、 　ニ　　　手当（　　　円／　　　） 3　所定時間外、休日又は深夜労働に対して支払われる 　割増賃金率 　イ　所定時間外　　法定超：　　％、 　　　　　　　　　　所定超：　　％、 　ロ　休日　　　　　法定休日：　　％、 　　　　　　　　　　法定外休日：　　％、 　ハ　深夜：　　％ 4　賃金締切日：毎月　　日、賃金支払日：毎月　　日 5　支払方法： 6　賃金支払時の控除： 　有（　　　　　　　　）・　無 7　昇給： 　月〔　　　　　　　　〕 8　賞与： 　有　・　無〔　　　　　　　　〕 9　退職金： 　有　・　無〔　　　　　　　　〕 ※詳細は、就業規則による。

退職に関する事項	1　定年制：　有（　歳）・　無 2　自己都合退職の手続： 　退職する　日以上前に届け出ること 3　解雇の事由及び手続： ※詳細は、就業規則による。
社会保険等の加入	・社会保険の加入： 　イ　厚生年金、ロ　健康保険、ハ　厚生年金基金 ・雇用保険の適用：　有　・　無
備考	

上記について承諾しました。　平成　年　月　日

従業員　住所

氏名　㊞

事例 14

労働条件を書面で通知していない

従業員10人未満の小さな会社を経営しています。先日、あらたに正社員Nを採用しました。労働条件については、面接の最後に私がホワイトボードに書きながら説明をしました。Nはメモをとっていました。

いつも口頭とホワイトボードで説明しているだけなので、今回もそのつもりでいたのですが「正式には、いつ条件を通知してくれますか」と言われてしまいました。

失敗のポイント

書面で労働条件を通知していませんでした。口頭とホワイトボードによる説明では、のちのち「言った」「言わない」のトラブルが起こってしまいます。労働基準法においても、労働条件のうち一定の事項については書面で明示することが義務付けられています。

正しい処理

労働条件通知書または雇用契約書により、労働条件を明示します。

次の５つは必ず明示しなければならない労働条件であり、「昇給に関する事項」以外はすべて書面で明示することが義務付けられています。

１．契約期間
２．就業の場所および従事すべき内容
３．始業・終業の時刻、休憩時間、休日、休暇、所定労働時間を超える労働の有無、ならびに交代勤務の場合は就業時転換に関する事項
４．賃金の決定、計算および支払いの方法、賃金の締切りおよび支払いの時期、昇給に関する事項
５．退職に関する事項（解雇の事由含む）

［解説］

労使トラブルの多くは、雇い入れの際に、賃金や労働時間、退職に関する事項などの労働条件についてきちんと説明がなされていなかったことに原因が求められます。口頭での説明で済ませてしまうと、あとから「言った」「言わない」のトラブルになりがちです。

労働基準法においても、労働条件の一定の事項については書面による明示が義務付けられています。

労働基準法第１５条（労働条件の明示）

1　使用者は、労働契約の締結に際し、労働者に対して賃金、労働時間その他時間に関する事項その他の厚生労働省令で定める事項については、厚生労働省令で定める方法により明示しなければならない。

2　前項の規定によって明示された労働条件が事実と相違する場合においては、労働者は、即時に労働契約を解除することができる。

3　前項の場合、就業のために住居を変更した労働者が、契約解除の日から14日以内に帰郷する場合においては、使用者は、必要な旅費を負担しなければならない。

明示すべき労働条件には、必ず明示しなければならない「絶対的明示事項」と、定めがある場合には明示しなければならない「相対的明示事項」があります（事例13　雇用契約書を交わしていない　参照）。厚生労働省のホームページから「労働条件通知書」の書式をダウンロードできますので、漏れなく明示するために活用するといいでしょう。

就業規則に定めがある項目については、「就業規則の定めるところによる」としておいて構いません。ただし、就業規則はきちんと周知されていることが前提です。いつでも見ることができるように設置しておきましょう。また、雇い入れ時には説明会をするなど、就業規則の内容についても十分に説明しておくことが望まれます。

事例 15

求人広告の労働条件と実際の条件が違う

建築設計事務所の人事担当をしています。建築士を中途採用するにあたり、ハローワークに「基本給30万円」という条件で求人票を出していました。実際に採用することになった若手のTは、まだ経験が浅いため基本給を25万円で設定しました。最終面接の最後に本人に伝えると、「求人広告に30万円とあったのだから、あとから変更するのはおかしい」と言われてしまいました。求人票で出したとおりの労働条件で採用しなければならないのでしょうか。

失敗のポイント

求人広告に記載した労働条件は「募集の意思表示」に過ぎず、決定したものではありません。ですから、必ずしも求人広告どおりの労働条件で雇い入れる必要はありません。

ただし、求職者は求人広告の労働条件を見て応募してきているわけですので、その後の採用過程で双方の合意によって新たな労働条件を決定しない限り、求人広告の労働条件で労働契約が成立したと見なされます。

正しい処理

求人広告の労働条件と異なる労働条件で採用する場合には、その理由とともに求職者に伝えて合意を得ます（合意できない場合は、労働契約に至らないということになります）。「あのときはこう言っていたのに」といったトラブルを防ぐためにも、労働条件を明示して雇用契約書を結びましょう。

[解説]

ハローワークへ求人票を提出したり、新聞・求人雑誌・求人サイト等に広告を出したりする際は、賃金額や労働時間等、一定の労働条件を記載して募集をします。求職者はこれら労働条件を見て、検討の判断材料にします。

法的には、求人広告を出して募集する行為は「労働契約申込みの誘引」と考えられ、求職者が応募する行為は「契約の申込み」と解されます。ですから、求人広告によって広く求職者に伝えた労働条件は、直ちに採用後の労働条件になるとは言えません。今回のケースの「基本給30万円」はあくまでも見込み額であり、Tさんを必ずこの賃金額で雇い入れなければならないわけではありません。募集時に想定していた能力に達していないということで、求人広告よりも安い賃金額で採用することは可能です。

ただし、求人広告に記載した労働条件と異なる労働条件について明確に提示し、合意を得て労働契約を締結するのでなければ、のちのちトラブルになります。きちんと説明しないままに採用すれば、本人は求人広告の労働条件で雇用されていると思っていますから、「おかしい」と抗議するのも当然です。労働条件の変更について同意を得ない場合、求人広告の労働条件で労働契約が締結されたと見なされます。裁判例では、「公共職業安定所の紹介により成立した労働契約の内容は、当事者間において求人票記載の労働条件を明確に変更し、これと異なる合意をする等特段の事情がない限り、求人票記載の労働条件の通り定められたものと解すべきである」としたものがあります(千代田工業事件　昭58.10.19　大阪地裁)。

労働契約を締結する際は、一定の労働条件について書面により明示することが義務付けられています(労働基準法第15条第1項)。(事例13　雇用契約書を交わしていない　参照)

トラブルを防ぐため、労働条件について合意を得て雇用契約書を交わすのはもちろんですが、面接の時点で、期待している能力に達していない場合は求人広告に記載している労働条件を下回ることがあることを説明しておくとよいでしょう。

ハローワークでの求人申込み手続き

求人の方法は、求人誌や職業紹介事業者の利用等がありますが、ハローワークへ求人を出すのも一般的です。雇用保険の適用事業所であれば、無料で利用することができます。ハローワークへ求人を出すときの流れは次のようになります。

事業所登録

はじめて求人を出す場合は、事業所登録が必要です。

↓

求人票の作成

給料・労働時間、休日、試用期間の有無など条件を記入して求人票を作成します。年齢制限をつけたり、性別を限定するようなことは原則としてできません。

↓

求人票の公開

ハローワーク内に設置している情報端末や掲示板等で公開されます。

↓

ハローワークからの求人紹介

応募があった場合、ハローワークから連絡があります。応募者は紹介状を持って面接等に来ることになります。

↓

採用選考

↓

採否決定

↓

応募者への通知

↓

ハローワークへの連絡

採用した場合は雇用予定日等、採用しなかった場合はその理由を記載し、ハローワークへFAXにて連絡をします。

応募したくなる求人票チェックポイント

・「事業内容」が最近の会社の状況を反映している
・「会社の特長」をわかりやすくアピールした内容となっている
・「地図」が目印や必要な表示があってわかりやすい
・各種保険制度や退職金等の情報が漏れなく記載されている
・会社のホームページがある場合、URLが記載されている
・具体的な仕事内容がイメージできる表現になっている
・必要な資格、技能、経験等がわかりやすく記載されている
・未経験者応募可の場合、専門用語を使用しない表現となっている
・試用期間がある場合、その間の労働条件は明示されている
・入社後の将来像がイメージできる表現となっている

求人票に関するトラブルを避けるチェックポイント

・ 求人票記載の労働条件は、そのまま採用後の労働条件となることが期待されているため、誤解のないような表現にする
・ 試用期間中の労働条件が試用期間終了後の労働条件と異なる場合、求人申込書の「試用期間」の欄に明記しておく
・ 不採用者に対して応募書類を返却しない場合は、求人申込書の「応募書類の返戻」欄に記載しておく
・ 求人申込後に、必要な経験等の条件変更を行う場合は、ハローワークに連絡の上、求人票の記載を変更する

（厚生労働省発行パンフレットより作成）

事例 16

試用期間中の労働条件

従業員10名程度の小さな会社を経営しています。当社では試用期間を3ヶ月と定めています。新卒で入社2ヶ月になる従業員Sが、給与明細を持って「残業代がついていない」と抗議してきました。確かに忙しい時期に残業させましたが、まだ見習い期間なのだから勉強のうちと考えていました。「試用期間中は残業代はないよ」と伝えたところ、しばらくして残業代支払いを求める内容証明郵便が届きました。

失敗のポイント

試用期間中であっても、残業をさせたのであれば、その分の賃金を支払わなければなりません。労働契約は成立していますから、本採用後の従業員と同じく労働基準法が適用され、時間外労働に対しては割増賃金を支払う必要があります。

正しい処理

試用期間中であるかどうかにかかわらず、残業を命じて時間外労働をさせた場合は割増賃金を支払います。1日8時間を超えたら、超えた時間分については原則として25％以上の割増賃金が必要です。試用期間中は残業代を支払いたくないということであれば、定時で帰宅できるような管理をしてください。

[解説]

会社としては、試用期間中でまだ十分に仕事ができない従業員に残業代を支払うのは納得がいかないところもあるかもしれません。しかし、試用期間であっても、労働契約が成立している以上、労働基準法の適用を受けます。本採用後の従業員と同様に、時間外労働に対しては割増賃金を支払わなければなりません。時間外労働とは、法定労働時間（1週40時間以上、1日8時間）を超えて労働させる時間のことです。

試用期間中の従業員の賃金が時給換算で1000円だとすると、1日8時間を超えて残業した時間については25％増しの1,250円を支払う必要があります。

	午後10時までの時間帯	午後10時～午前5時
法定時間外労働	25%増し	50%増し
法定休日労働	35%増し	60%増し

試用期間中に限らず、未払い残業代に関するトラブルが増えています。勤怠管理を適切に行いましょう。

事例 17

試用期間の延長

デザイン事務所を経営しています。他業界でディレクションの経験があるというＫを、ディレクターとして採用しました。当社では試用期間を２ヶ月と定めています。この期間中にＫの適格性があるかを判断しようと思っていたのですが、入社１ヶ月後頃の休日にＫはケガをしてしまいました。療養から戻ってきたのは試用期間が終了する２日前です。これでは適格性の判断ができないので、「試用期間を１ヶ月延長する」と伝えました。すると、「延長の話は聞いていないし、就業規則にも書いていないではないか」と抗議されてしまいました。

失敗のポイント

就業規則に、試用期間の延長について定めていませんでした。

試用期間中は従業員の地位が不安定になりますから、試用期間延長の定めがある場合でも、合理的な理由なく延長することはできません。

正しい処理

試用期間は延長する可能性があることを就業規則に規定しておきます。試用期間は延長しないのが原則ですが、今回のケースのように適否の判断ができない事情があれば、本人と合意のうえ、期間を定めて延長します。

[解説]

試用期間について法律にはとくに規定がありません。ほとんどの会社では独自に試用期間を設け、従業員の適格性を判断することとしています。試用期間の長さは会社が任意に定めるわけですが、試用期間中は従業員の地位は不安定であり、本採用後との処遇の違い等もあることから、あまりにも長い試用期間は認められません。3～6ヶ月が一般的で、最長でも1年間です。優秀な人材は長い試用期間を敬遠するでしょうし、1年間の試用期間は公序良俗に反して無効とされるおそれもあるので6ヶ月程度までにとどめるのがいいでしょう。

就業規則で定めた試用期間中に、従業員の適格性が判断できず、もう少し様子を見たいということもあるかもしれません。しかし、原則として試用期間の一方的な延長はできません。就業規則には試用期間延長の可能性を明示しておき、実際に延長する合理的な理由がある場合は、従業員の合意を得て、合理的な期間を定めて延長することになります。

従業員の勤務態度や能力に大きな問題がある等、不適合として解雇するところをもう一度機会を与える意味で試用期間を延長する場合は、就業規則に定めがなくとも、延長可能という考え方があります。今回のケースのように、従業員側の理由によって適格性の判断ができず、不採用とせざるを得ないところを救済する意味であれば、認められると考えられます。従業員には延長の理由を十分に説明し、理解を得るようにしてください。

いずれにしても、就業規則には試用期間延長について定めておきましょう。

規定例

第○条（試用期間）

1. 新たに採用した者については、採用の日から3ヶ月を試用期間とする。ただし、必要に応じて試用期間を延長し、短縮し、または適用しない場合がある。
2. 試用期間中または試用期間満了の際、引き続き従業員として勤務させることが不適当であると認められる者については、本採用は行わない。

事例 18

管理職の中途採用

総合商社の代表をしている者です。当社の営業部の部長が退職したため、外部から中途採用をしました。人材紹介会社から紹介されたOは、かつて同じ業界の他社で営業部長をしており、実績も十分でした。

高額報酬で雇い入れ、当社の売上に貢献してくれることを期待しましたが、入社3ヶ月経ってもまったく成果が出ていません。営業部長として雇っていますから降格も難しく、かと言ってこのまま雇っていては費用がかさむばかりです。能力不足を理由に辞めさせることはできないでしょうか。雇い入れ時には、期待する成果についてとくに書面で交付したりはしていません。

失敗のポイント

能力不足であることを判断できる基準を明確にしていませんでした。期待する成果や能力について、雇い入れ時に明示していなければ、能力不足による解雇は難しくなります。管理職の中途採用のように、キャリア採用をする場合の雇用契約はとくに注意する必要があります。

正しい処理

就業規則の解雇・懲戒規定を整備しておくのはもちろん、採用時に期待する成果や能力を明示して、それが達成できなければ降格や解雇もあり得ることを合意しておきます。

[解説]

高額報酬で管理職を外部から中途採用するといった場合、雇用契約は慎重に行う必要があります。他社での実績があっても、異なる環境で同じように成果を出せるとは限りません。しかし、「こんなはずじゃなかった……」と思っても、雇い入れ時に一般の社員と同じように雇用契約を結んただだけでは、降格・解雇がしづらくなります。単に「能力不足」という理由では、判断の基準が明確でないため、懲戒や解雇が認められにくいと言えます。

実績のある人の中途採用の場合ほど、雇用契約時の約束事を細かくしない面があるかもしれませんが、大切なのは雇用契約でどんな約束をしたかです。期待する成果について具体的な目標を定め、達しなかった場合には降格や解雇があり得ることを説明し、同意を得ておきましょう。

裁判例では、年間売上1億円、半期売上5千万円を約束して入社した営業経験者の成績が、経験者であれば達成可能な数字であるのに実際は大きく下回り、上司の注意指導にもかかわらず営業成績を向上させようとする意欲が見られなかったことから、「勤務成績不良による解雇」が有効とされたケースがあります(エイゼットローブ事件　平3.11.29　大阪地裁)。

期待して中途採用した従業員が、会社が必要としている能力に見合わず、費用ばかりがかかるような状態になっては大変です。就業規則の整備は前提ですが、雇用契約も重要となりますので気をつけましょう。

事例 19

契約期間が長い

学習塾を経営しています。他の学習塾で評判のよかった講師Uが、当塾に入社してきてくれました。少なくとも５年間は勤務してもらいたいので、労働条件通知書に雇用契約の期間を５年間として記載し、本人に渡しました。すると、「面接のときには雇用期間の話をしていなかったので、正社員だと思っていた。５年間も拘束されるのは困る」と言われてしまいました。

失敗のポイント

雇用契約の期間が長すぎます。期間を定めて雇用する場合には、最長３年が原則です。今回の「５年の契約」は、「３年の契約」と見なされます（労働基準法第１３条）。

また、Uさんは期間の定めのない雇用契約を結んだものと思っていたようです。労働契約締結時に、契約期間等の労働条件をきちんと説明することが大切です。

正しい処理

期間を定めて雇用するのであれば、最長３年で期間を定めます。３年の雇用契約を結んだ場合も、１年経過後は、労働者はいつでも退職することができます。会社は、契約期間の間、雇用を保障する義務があるので注意してください。

[解説]

期間を定めて雇用する場合、契約期間は原則3年以内にしなければなりません。例外は、高度な専門的知識等を持っている労働者との契約、満60歳以上の労働者との契約、一定の事業完了に必要な期間を定める労働契約です。

原則　上限３年

ただし、労働者（次の例外1、例外2に該当する者を除く）は労働契約期間の初日から1年経過後は、いつでも退職することができる。

例外１　上限５年

専門的な知識、技術または経験であって高度のものとして厚生労働大臣が定める基準（以下の7つ）に該当する専門的知識等を有する労働者との間

に締結される労働契約

① 博士の学位を有する者
② 公認会計士、医師、歯科医師、獣医師、弁護士、一級建築士、税理士、薬剤師、社会保険労務士、不動産鑑定士、技術士または弁理士
③ システムアナリスト、アクチュアリーの資格試験に合格している者
④ 特許発明の発明者、登録意匠の創作者、登録品種の育成者
⑤ 大学卒で5年、短大・高専卒で6年、高卒で7年以上の実務経験を有する農林水産業・鉱工業・機械・電気・建築・土木の技術者、システムエンジニアまたはデザイナーで、年収が1,075万円以上の者
⑥ システムエンジニアとしての実務経験5年以上を有するシステムコンサルタントで、年収が1,075万円以上の者
⑦ 国等によって知識等が優れたものであると認定され、上記①から⑥までに掲げる者に準ずるものとして厚生労働省労働基準局長が認める者

例外２　上限５年

満60歳以上の労働者との間に締結される労働契約

例外３　事業完了までに必要な期間

有期の建設工事等、一定の事業の完了に必要な期間を定める労働契約

今回のケースでは「5年間は勤務してほしい」ということで、5年の雇用契約にしたようですが、期間を定めた雇用契約の場合、その期間は雇用を保障する義務があることにも注意しましょう。やむを得ない事由があれば中途で解約することができますが、やむを得ない事由が過失によって生じ

た場合は、損害賠償の責任を負います(民法第628条)。

従業員からすると、「3年の雇用契約」は、3年間は雇用が保障されている点でメリットがありますが、退職の自由が制限される点がデメリットです。ただし、1年経過後は使用者に申し出ることにより、いつでも退職できることになっています(平成16年の改正労働基準法により、雇用契約の上限が1年から3年になったことから、暫定措置として設けられている)。

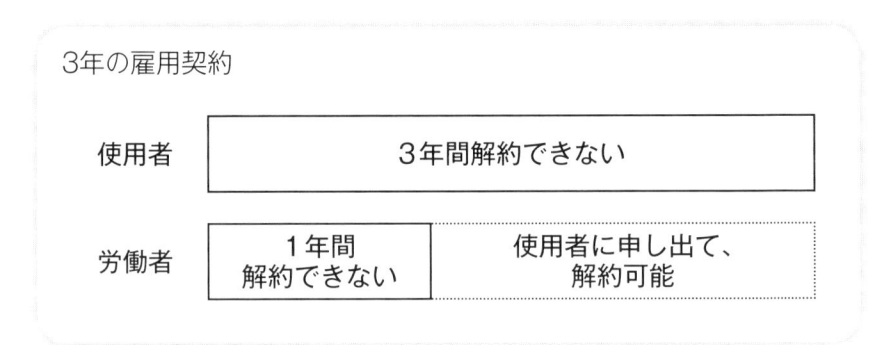

3年の雇用契約

使用者	3年間解約できない	
労働者	1年間 解約できない	使用者に申し出て、 解約可能

民法第628条

当事者が雇用の期間を定めた場合であっても、やむを得ない事由があるときは、各当事者は、直ちに契約の解除をすることができる。この場合において、その事由が当事者の一方の過失によって生じたものであるときは、相手方に対して損害賠償の責任を負う。

労働基準法第137条

一定の事業の完了に必要な期間を定めるものを除き、1年を超える期間の有期労働契約を締結した労働者（高度の専門的知識等を有する労働者及び満60歳以上の労働者を除く）は、民法第628条の規定にかかわらず、労働契約の期間の初日から1年を経過した日以後は、使用者に申し出ることにより、いつでも退職することができる。

事例 20

定年退職者の再雇用

運送業の会社を経営しています。当社には今年度に60歳を迎える従業員がいます。就業規則では60歳で定年退職となることを定めていますが、法律により、65歳までの雇用確保措置をとらなければならないと聞きました。本人はこのまま働く気でいるようです。この従業員は能力も高く、これまで会社に貢献してくれていますが、そのぶん給料も高いので、あと5年も雇用するのは負担が大きいのが正直なところです。パートタイマーとして契約を結ぶのでも問題ないでしょうか。

失敗のポイント

65歳までの雇用確保措置をとっていませんでした。65歳未満を定年年齢に定めている会社は、早急に「65歳への定年引き上げ」「継続雇用制度の導入（勤務延長制度または再雇用制度）」「定年制度の廃止」のいずれかの措置を講じることが必要になります。

正しい処理

多くの会社が実施している「再雇用制度」は継続雇用制度の一つで、60歳の定年でいったん退職し、新たな労働条件で雇用契約を結ぶ制度です。「嘱託社員」という名称で契約することが多いでしょう。また、労使協定を結べば、対象となる従業員の基準を定めることができます。パートタイマーとして契約したいのであれば、再雇用制度を導入し、新たな労働条件を提示しましょう。

[解説]

定年制度の廃止や定年年齢の引き上げは会社の負担が大きいことから、多くの会社では継続雇用制度を採用しています。

継続雇用制度には「勤務延長制度」と「再雇用制度」の2種類があります。勤務延長制度では従来の契約を継続させますが、再雇用制度では、定年退職した従業員の労働時間や賃金等の労働条件を見直して、新たに雇用契約を結びます。

今回のケースでは、パートタイマーとして契約を結びたいとのことですので、再雇用制度を導入し、新たな労働条件を提示することになります。

新たな労働条件で合意ができない場合においても、雇用を確保しなければならないわけではありません。合意できなければ、その従業員は退職をすることになるでしょう。

また、再雇用制度は、原則として希望する従業員全員を対象とすることになりますが、労使協定を結べば、対象となる従業員の基準を定めることができます。この基準は、客観的・具体的であることが必要です。「過去5年間の出勤率80％以上」「社内技能検定レベルＡレベル」「勤続5年以上の者」等が適切な例になりますが、会社の実情に合わせて基準を設定してください。

なお、パートタイム労働法における「パートタイム労働者」とは、「1週間の所定労働時間が同一の事業所に雇用される通常の労働者の1週間の所定労働時間に比べて短い労働者」のことであり、パートタイマー、契約社員、嘱託などの呼び名にかかわらず適用されることになります。定年前と同じ職務内容・権限等であるのに、嘱託社員であるという理由で待遇に差がある場合、パートタイム労働法に違反することになるので注意が必要です。

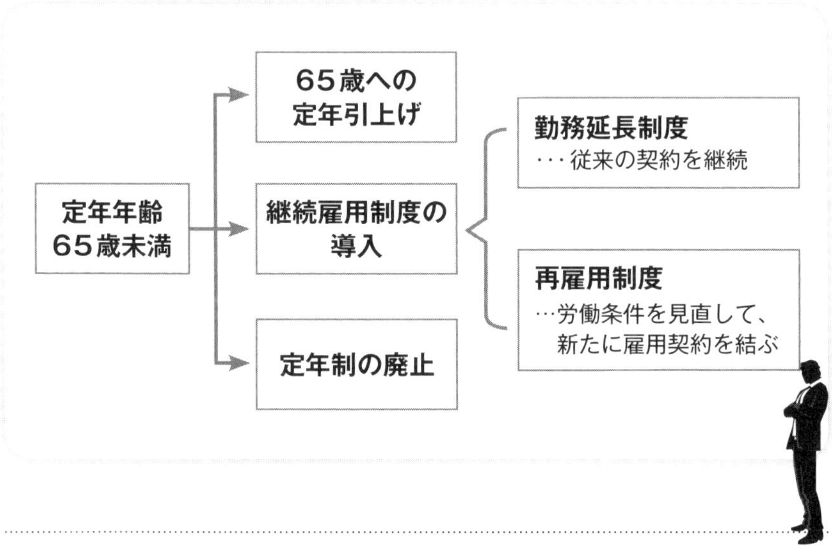

MEMO

事例 21

再雇用者の年休

メーカーの人事担当をしています。先日、60歳で定年退職した従業員を、嘱託として再雇用しました。新たな労働契約を結びましたので、年次有給休暇はいったんリセットし、新たに最低日数を付与しています。

正社員	嘱託社員

定年退職
→年休リセット

6ヶ月後
→年休付与

失敗のポイント

再雇用した従業員の年休をリセットしてしまいました。

定年によりいったん退職しても、実態としては労契約関係が続いていますので、継続勤務しているものと取扱います。勤続年数は通算され、年休の残日数も引継がれます。定年時に未消化の年休を消滅させることは違法です。

正しい処理

通常、退職時に未消化である年休が消滅するのは、退職後に年休を取得することは不可能だからです。再雇用の場合、退職から再雇用まで相当な期間が空いているのでなければ、継続勤務しているものと取扱い、年休の残日数を引継ぎます。

[解説]

年次有給休暇とは、労働者の疲労回復、健康の維持・増進、福祉の向上のため、就労義務がある日について、その義務を免除する制度です。労働基準法第39条第1項において、雇い入れの日から6ヶ月継続勤務し、全労働日の8割以上出勤した労働者に対して、10日間付与することが義務付けられています。以降、次の表のように付与され、年休を請求できる権利は2年間有効です。

継続勤務年数	6ヶ月以上	1年6ヶ月以下	2年6ヶ月以下	3年6ヶ月以下	4年6ヶ月以下	5年6ヶ月以下	6年6ヶ月以上
付与日数	10	11	12	14	16	18	20

通常、退職時に未消化の年休は消滅しますが、それは退職後に年休を取得することは不可能だからです。再雇用によって継続勤務をしているのであれば、年休の残日数を引継がなければなりません。

「継続勤務」についての行政解釈として、次のような通達が出ています。

「継続勤務か否かについては、勤務の実態に即し実質的に判断すべきものであり、次に掲げるような場合を含む。

定年退職による退職者を引き続き嘱託等として再採用している場合（退職手当規程に基づき、所定の退職手当を支給した場合を含む）。ただし、退職と再採用との間に相当期間が存し、客観的に労働関係が断続していると認められる場合はこの限りでない。」（昭63.3.14基発150号）

「相当期間」が具体的にどのくらいの期間なのかは明確にされていませんが、過去の裁判例から言っても、定年退職と再雇用の間が1～2ヶ月程度であれば、継続勤務として取り扱ったほうが無難です。

定年後再雇用については、年休の日数を引継ぐのが原則と考えておきましょう。

MEMO

事例 22

高校生のアルバイト

イベント会社で人事担当をしています。夏にイベントがあり、高校生のアルバイトを数名雇うことになっています。イベント自体が午後５時から10時までなので、スタッフは深夜０時近くまで仕事をするのですが、高校生は10時であがってもらう予定です。しかし、どうしても最後まで働きたいと言う人がいます。本人が希望していれば、遅くまで働いてもらってもかまわないのでしょうか。

失敗のポイント

満18歳未満の高校生の場合、原則として午後10時から午前５時までの深夜業に就かせることはできません。本人が希望したとしても、午後10時以降に働かせることはできません。

正しい処理

満18歳未満の高校生をアルバイトとして採用するのであれば、就業させるのは遅くとも午後10時までにするのが原則です。満16歳以上の男性については、交替制によって深夜業に就かせることは可能です。

そのほか年少者を雇用する際の注意点を知っておきましょう。

［解説］

労働基準法では、満15歳に達した日以後の最初の3月31日までの者を「児童」、満18歳未満の者を「年少者」、満20歳未満の者を「未成年者」として、特別保護の対象にしています。

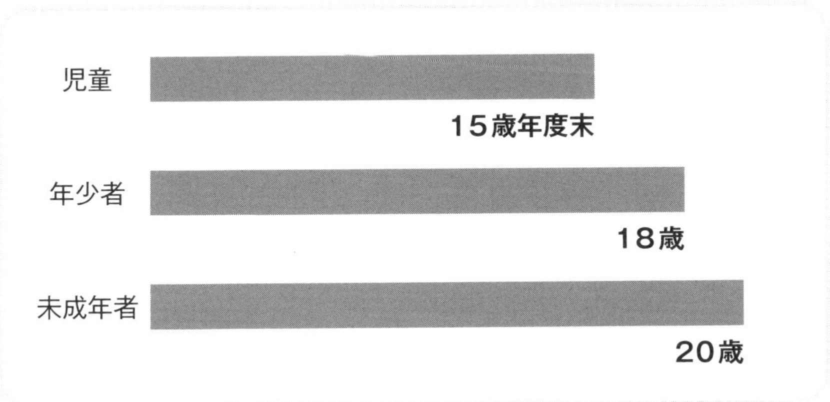

満18歳未満の高校生をアルバイトで雇い入れる際には、いくつか注意点があります。ポイントは「年齢確認書類の備え付け」と「労働時間」です。

労働基準法第57条では、満18歳未満の従業員を使用する場合には、その年齢を確認する書類を事業場に備え付けることを義務付けています。年齢を確認する書類として、行政通達では戸籍謄（抄）本、住民票の写し、住民票記載事項証明書等を例示しています。年齢確認を怠って、従業員の年齢を知らずに年少者に関する規定に違反していた場合、会社は責任を逃れません。年齢を確認できる書類の備え付けがされていなかった場合は、罰則（30万円以下の罰金）が設けられています。また、本人と雇用契約を締結することになりますが、あわせて親権者等の同意を得ておく必要があります。

労働時間にも制限があり、原則として残業や深夜業、休日労働を行わせることができません。変形労働時間制やフレックスタイム制の適用も認められていません。1日8時間、週40時間の範囲内で働いてもらうことになります。

ただし、次に該当する場合は、例外として法定労働時間を超えて労働させることが可能です。

1. 1週間の労働時間が40時間以内であって、1週間のうち1日の労働時間を4時間以内に短縮することにより、同一週内の他の労働日を10時間まで延長すること
2. 1日8時間、1週間48時間以内の労働時間において、1ヶ月または1年単位の変形労働時間制を適用すること

高校生のアルバイトに1日8時間を超えて労働させる場合には、上のいずれかの対応をとることになり、残務処理のために残業をさせるようなことは認められません。

また、深夜業については、次のような例外が認められています。

1. 満16歳以上の男性を交替制によって使用する場合

2. 交替制をとっている事業で、所轄労働基準監督署の許可を受けて午後10時30分まで労働させる場合

3. 災害等による臨時の必要がある場合

4. 農林水産業、保健衛生業、電話交換業務の場合

今回のケースでは、満16歳以上の男性をシフトを組んで交替制によって労働させるのであれば、深夜業（午後10時から午前5時まで）に就かせることが可能です。

事例 23

不法就労者を雇用した

製造業の会社を経営しています。先日、外国人労働者Ｄを従業員として採用したのですが、Ｄは不法就労者であることがわかりました。採用時、本人が不法就労ではないと言っていたのでそれを信じ、在留資格等を確認していませんでした。不法就労者を雇った場合、厳しい罰則があると聞いて心配です。

失敗のポイント

不法就労の外国人を雇い入れてしまいました。雇った外国人は処罰されて国外退去となり、事業主は「不法就労助長罪」により３年以下の懲役または300万円以下の罰金に処せられます。今回のケースでは、不法就労者であることを知らずに雇ったのですから罰せられることはありませんが、就労の可否をパスポート等で確認しなかったことは過失があると言えます。

正しい処理

外国人を雇用するときは、在留資格と在留期間を外国人登録証明書・パスポート等で確認します。在留の資格があっても、就労活動できない場合や労働時間に制限がある場合もあるので注意してください。

[解説]

不法就労とは、許可を受けずに収入・報酬を得る活動を行うことであり、次のような場合です。

1.不法滞在者が就労する場合

2.在留資格ごとに認められている活動の範囲を超えて就労する場合

3.在留期間を超えて就労する場合

就労ビザを持っていても、活動範囲は限定されています。

就労できる在留資格は次のとおりです。この17種類の在留資格については、限定された活動内容以外の仕事に就くことはできません。

活動が認められている在留資格

[在留資格]	[活動内容]
外交	外国政府の大使、公使、総領事、 代表団構成員等、およびその家族
公用	外国政府の大使館・領事館の職員、 国際機関等から公の用務で 派遣される者およびその家族
教授	大学教授等
芸術	作曲家、画家、著述家等
宗教	外国の宗教団体から派遣される宣教師
報道	外国の報道機関の記者、カメラマン
投資・経営	外資系企業の経営者・管理者
法律・会計業務	弁護士、公認会計士
医療	医師、歯科医師、看護師
研究	政府関係機関や私企業等の研究者
教育	高校・中学校等の語学教師等
技術	機械工学等の技術者
人文知識・ 国際業務	通訳、デザイナー、私企業の語学教師等
企業内転勤	外国の事業所からの事業者
興行	俳優、歌手、ダンサー、プロスポーツ選手等
技能	外国料理の調理師、スポーツ指導者、 航空機等の操縦者、貴金属等の加工職人
技能実習	技能実習生

在留資格が「短期滞在」「留学」「就学」「研修」「文化活動」「家族滞在」である場合は就労することができません。ただし、資格外活動の許可があれば、「留学」の在留資格を持っている場合は1週間に28時間、「就学」の在留資格を持っている場合は1日4時間までのアルバイトが可能になります。

資格外活動許可が得られる在留資格

[在留資格]	[活動内容]
文化活動	日本文化の研究者等
短期滞在	観光客、会議参加者等
留学	大学、高等専門学校、高等学校、各種学校等の学生、生徒
研修	研修生
家族滞在	在留外国人が扶養する配偶者、子

永住者、日本人の配偶者等、永住者の配偶者等、定住者の在留資格を持っている場合は、就労に制限はありません。

活動に制限のない在留資格

[在留資格]	[活動内容]
永住者	法務大臣から永住の許可を受けた者（特別永住者除く）
日本人の配偶者等	日本人の配偶者・子・特別養子
永住者の配偶者等	永住者・特別永住者の配偶者及び日本で出生し引き続き在留している子
定住者	日本人の親族、日系人の子、外国人配偶者の連れ子等

外国人を雇い入れる場合は、まず在留資格と在留期間を外国人登録証明書、パスポート等で確認しましょう。不法就労の外国人を雇用した事業主は、出入国管理及び難民認定法（入管法）第73条により3年以下の懲役または300万円以下の罰金に処せられます。今回のケースでは、本人の言葉を信じて、不法就労であることを知らずに雇用したので罰せられることはありませんが、確認を怠っている点は過失と言えますので注意が必要です。

また、外国人労働者（特別永住者および在留資格「外交」・「公用」の者を除く）を雇用した場合は、ハローワークを通じて厚生労働大臣へ外国人雇用状況の報告をしなければなりません。報告書の提出を怠ったり、虚偽の届け出を行った場合は、30万円以下の罰金が科せられます。

MEMO

事例 24

従業員が入社したときの社会保険手続き

従業員５名の小さな会社を経営しています。新たに雇い入れる際には、雇用契約書を交わしています。社会保険も適正に手続きをするつもりでいますが、忙しかったりすると届け出が遅れたり、忘れていることもあります。事務処理が多くて大変です。

失敗のポイント

入社時の社会保険手続きがスムーズにできていませんでした。社会保険は入社から５日以内、雇用保険は翌月１０日までに資格取得届を提出することが必要です。

正しい処理

入社時の手続きを一覧にするなどして、スムーズに行えるようにしておきます。従業員からの必要書類もチェックリストを作成して、早めに回収するといいでしょう。

[解説]

社会保険（健康保険と厚生年金保険）については、原則として入社日から5日以内に「健康保険・厚生年金保険被保険者資格取得届」を提出しなければなりません。提出先は、厚生年金保険については所轄の年金事務所、健康保険については、健康保険組合または年金事務所となります。事務所が厚生年金基金に加入している場合は、基金に対しても届け出をします。

添付書類はありませんが、被保険者に被扶養者がいる場合は「健康保険被扶養者（異動）届」も一緒に提出します。その被扶養者が20歳以上60歳未満であれば、年金手帳を添えて「国民年金第3号被保険者関係届」も提出します。

雇用保険については、入社日の属する月の翌月10日までに、「雇用保険被保険者資格取得届」をハローワークに提出します。添付書類は原則不要ですが、期限を過ぎた場合などには、賃金台帳・出勤簿・雇用契約書が必要になります。また、提出期限より6ヶ月以上遡って資格取得の手続きをするには、「遅延理由書」の添付が必要です。

社員が入社した時

	必要な書類	期限	提出先
社保	健康保険・厚生年金保険被保険者資格取得届	資格取得日から5日以内	所轄年金事務所（組合管掌の場合は健康保険は健保組合）
〃	健康保険被扶養者（異動）届	〃	〃
〃	国民年金第3号被保険者関係届	14日以内	所轄年金事務所
雇保	雇用保険被保険者資格取得届	資格取得日の翌月10日まで	所轄公共職業安定所

手続きに必要な用紙は、ほとんどがホームページからダウンロードできるようになっていますので、確認してみてください。

また、従業員から回収すべき必要書類はチェックリストをつくり、早めに回収するとスムーズでしょう。（事例08　入社時の必要書類提出が遅い参照）

事例 25

労災保険の加入

設立したばかりの会社です。当社はパート・アルバイトが５人しかいませんので、労災に加入していませんでした。アルバイトのＴが、会社に来る途中に転んでケガをしてしまい「労災はおりるのか」と聞かれました。「アルバイトだから適用されない」と答えたのですが、実際のところどうなのでしょうか。

失敗のポイント

労災保険に加入していませんでした。労働者を１人でも雇用していれば、加入が義務付けられています。労災保険はアルバイト・パートタイマーなど雇用形態を問わず、すべての労働者に対し適用されます。

正しい処理

所轄の労働基準監督署に「保険関係成立届」を提出し、労災保険に加入しましょう。労働災害が起こった後でも加入することができますが、最大2年間遡った保険料と追徴金を支払うことになります。また、実際に労働災害が起こったとき、大きなペナルティーがあります。故意に加入手続きを怠っているのは、リスクが高いと言えます。

[解説]

労働者災害補償保険（労災保険）とは、業務上あるいは通勤途中のケガ・病気・障害・死亡について災害補償を行う国の保険です。労災保険は、原則として1人でも労働者を使用する事業は、業種の規模を問わず、すべてに適用されます。労災保険における労働者とは、「職業の種類を問わず、事業に使用される者で、賃金を支払われる者」をいい、アルバイトやパートタイマー等の雇用形態は関係ありません。所定労働時間数も関係ありません。ときどき、労災は正社員のみに適用されると誤解しているケースがありますが、たった1日のアルバイトでも労災保険給付の対象となります。

従業員を1人でも雇ったら、「保険関係成立届」を所轄の労働基準監督署に提出する必要があります。

この手続きを故意に怠っていて、労働災害が起きたりすれば大変です。

たとえば、行政から指導を受けていたにもかかわらず手続きを怠っている間に、賃金日額1万円の従業員が労働災害で死亡し、労災から遺族補償一時金を支給することとなった場合は、保険給付の100％が費用徴収されますので、会社が支払うのは1,000万円にもなります。

遺族補償一時金 ＝１万円×１,０００日分×１００％ ＝1,０００万円

さらに、最大2年間遡った労働保険料と10％の追徴金が徴収されてしまいます。

加入指導を受けていなくても、事業開始日から1年経過して労災に加入していない場合は、保険給付の40％が費用徴収されることになります。労災保険に加入しないことは、会社にとって非常にリスクが高いのです。

まさか事故なんて……と考えがちですが、何が起こるかわかりません。従業員が安心して業務に就けるようにするためにも、労災保険に加入しておきましょう。

事例 26

海外赴任者の労災加入

衣料品メーカーの人事担当をしている者です。このたび海外に工場を設立し、従業員を数名、現地に赴任させることになりました。赴任予定の従業員から、現地の工場でケガをした場合はどうなるのか聞かれました。海外出張のときと同じように労災保険が適用されるのかどうか、よくわかりません。

失敗のポイント

海外派遣者の労災保険について理解していませんでした。「海外出張」ならとくに手続きは必要ありませんが、海外の支店や工場に赴任させる場合等「海外派遣」については、あらかじめ特別加入の手続きをしなければ、保険給付が受けられません。

正しい処理

海外派遣者について労災保険を適用させたい場合、あらかじめ海外派遣者特別加入制度の手続きをします。特別加入するには、次の要件を満たす必要があります。

1 日本国内の事業について労災保険に係る保険関係が成立していること
2 日本国内にある派遣元の事業が継続事業であること
3 特別加入申請書を所轄労働基準監督署長を経由して所轄都道府県労働局長に提出し、政府の承認を得ること

[解説]

海外赴任者の労災保険適用について、「海外出張」と「海外派遣」に区別して考えます。海外出張の場合は、とくに手続きをしなくても労災保険が適用され、原則として赴任途上の災害も保険給付の対象となります。

一方、海外派遣の場合は労災保険が適用されません。現地で業務上のケガや病気が発生しても、保険給付の対象とならないのです。海外派遣とは、海外の事業場に所属し、当該事業場の使用者の指揮に従って勤務することを言います。滞在期間の長短は関係ありません。次のようなケースが海外派遣にあたります。

・海外関連会社（現地法人、合弁会社、提携先企業など）へ出向する場合
・海外支店、営業所などへ転勤する場合
・海外で行う据付工事・建設工事（有期事業）に従事する場合（統括責任者、工事監督者、一般作業員などとして派遣される場合）

海外に赴任させる従業員を労災保険特別加入させたい場合、あらかじめ特別加入申請書を所轄の労働基準監督署に提出します。事後に救済することはできませんので、注意が必要です。

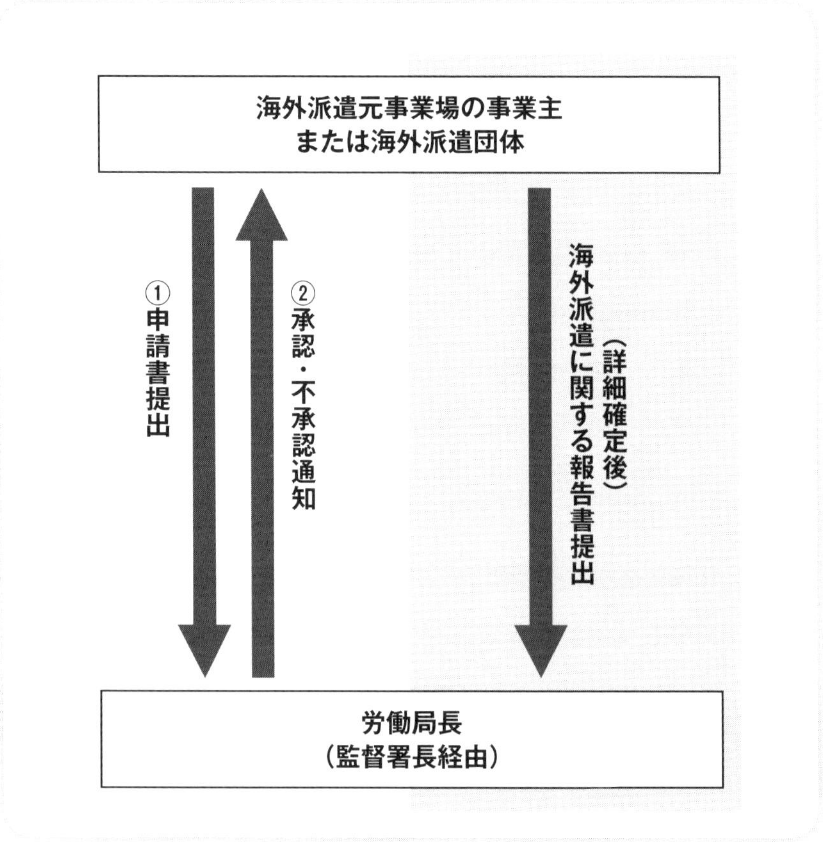

すでに海外派遣している従業員を特別加入させることは可能ですが、現地採用の従業員を特別加入させることはできません。また、留学目的の海外派遣は、海外において業務に従事しているわけではないので、特別加入させることはできません。

なお、労働基準法は原則として日本国内にある事業にのみ適用されます。海外の支店や工場などでは、日本の労働基準法ではなく、現地の法律が適用されることになります。

事例

27

パートタイマーを社会保険に加入させていない

コールセンターの人事担当をしています。当社では、正社員のみ社会保険完備としており、パートタイマーとアルバイトは社会保険に加入させていません。採用時にもそのように説明しており、納得のうえで入社してもらっています。これまでとくに問題はなかったのですが、パートタイマーの中には不満に思っている者もいるようです。

失敗のポイント

パートタイマー・アルバイトは一律に社会保険に加入させていませんでした。パートタイマーの定義は会社によってまちまちです。パートタイマー、アルバイト、準社員、契約社員等名称にかかわらず、社会保険適用の要件に該当している場合は加入させなければなりません。

正しい処理

社会保険は、

① 1ヶ月の所定労働日数が一般社員の概ね4分の3以上

② 1日または1週間の所定労働時間が一般社員の概ね4分の3以上

の両方を満たした場合

雇用保険は、

① 1週間の所定労働時間が20時間以上

② 31日以上の雇用見込み

の両方を満たした場合に被保険者となります。それぞれの要件を踏まえて、手続きをします。

[解説]

社会保険（健康保険、厚生年金保険）

社会保険の適用事業所に常時使用される従業員は、原則としてすべて被保険者となります。パートタイマーやアルバイトについては、同じ事業所で働く一般の社員の労働日数、労働時間等を基準に判断し、次の両方を満たしている場合は被保険者となります。

①1ヶ月の所定労働日数が一般社員の概ね4分の3以上

②1日または1週間の所定労働時間が一般社員の概ね4分の3以上

たとえば、正社員の1日の所定労働時間が8時間、1ヶ月の所定労働日数が20日間とすると、1日6時間で月に17日働くパートタイマーは社会保険適用となります。

社会保険の被保険者となる要件を満たす人を雇ったら、5日以内に健康保険・厚生年金保険被保険者資格取得届を届け出なければなりません。提出先は、健康保険については、健康保険組合に加入の場合はその健康保険組合、協会けんぽに加入の場合は所轄の年金事務所。厚生年金保険も所轄の年金事務所です。

<適用除外>

適用事業所に雇用される場合であっても、次の者は被保険者になりません。

1. 臨時に日々雇用され、1ヶ月を超えない者
2. 2ヶ月以内の期間を定めて使用される者
3. 所在地の場所が一定しない事業に使用される者
4. 4ヶ月を超えない季節的業務に使用される者
5. 臨時的事業の事業所に6ヶ月を超えない期間使用される者

雇用保険

雇用保険は、次の2つの要件に該当すればパートタイマー・アルバイトも原則として被保険者となります。

①1週間の所定労働時間が20時間以上

②31日以上の雇用見込み

「31日以上の雇用見込み」とは、期間の定めのない雇用契約を結ぶ場合、31日以上の雇用期間の定めのある契約を結ぶ場合のほかにも、31日未満の期間の定めのある契約の場合でも、更新する場合がある旨の規定があり31日未満での雇い止めの明示がないとき、更新規定はなくても同様の雇用

契約により雇用された労働者が31日以上雇用された実績があるとき等も該当します。

雇用保険の被保険者の要件を満たす人を雇い入れた場合は、入社日の属する月の翌月10日までに、所轄のハローワークに雇用保険被保険者資格取得届を提出する必要があります。

＜適用除外＞

労働者が次に該当する場合には、雇用保険の被保険者とはなりません。

1. 入社時点で既に65歳を超えている者
2. 1週間の所定労働時間が20時間未満である者
3. 入社後継続して31日以上雇用される見込みがない者（その後31日以上雇用される事が見込まれる時は、その時点から適用）
4. 昼間学生
5. 短時間労働者で季節的に雇用される者、4ヶ月以内の季節的事業に雇用される者
6. 船員保険の被保険者で漁船に乗り組むために雇用される者
7. 国、都道府県、市町村等の事業に雇用される者のうち、離職した場合に、他の法令、条例、規則等に基づいて支給を受けるべき諸給与の内容が、求職者給付および就職促進給付の内容を超えると認められる者

事例 28

本人の希望で、社会保険に加入させない

スーパーを経営しています。パートタイマーのRが、「夫の扶養に入っていたいので、社会保険加入させないでください」と言っていたので、加入させていませんでした。Rの労働時間は一日6時間で週に4日勤務しています。年収は130万円以下におさえていました。

失敗のポイント

「扶養に入るので」という本人の希望によって、社会保険に加入させていませんでした。パートタイマーの社会保険加入については、勤務日数・時間（一般従業員の4分の3以上）で判断します。要件を満たしているのなら、本人の意思にかかわらず加入させなければなりません。

正しい処理

所定労働時間8時間で月の労働日数が20日間の職場だとすると、一日6時間で月15日勤務しているパートタイマーは社会保険適用となります(一般従業員の概ね4分の3以上)。社会保険適用の要件を満たす勤務条件で雇い入れたら、5日以内に資格取得届を提出しましょう。

[解説]

社会保険の被扶養者の範囲は、三親等内の親族であり、生計を維持されていることが前提です。その中でも、同居の要件がある者とない者がいます。

同居の要件なし

被保険者の直系親族、配偶者(戸籍上の婚姻届がなくとも、事実上、婚姻関係と同様の人を含む)、子、孫、弟妹で、主として被保険者に生計を維持されている人

同居の要件あり

上記以外の三親等以内の親族、内縁関係にある配偶者の父母および子

被扶養者の範囲図（三親等の親族図）

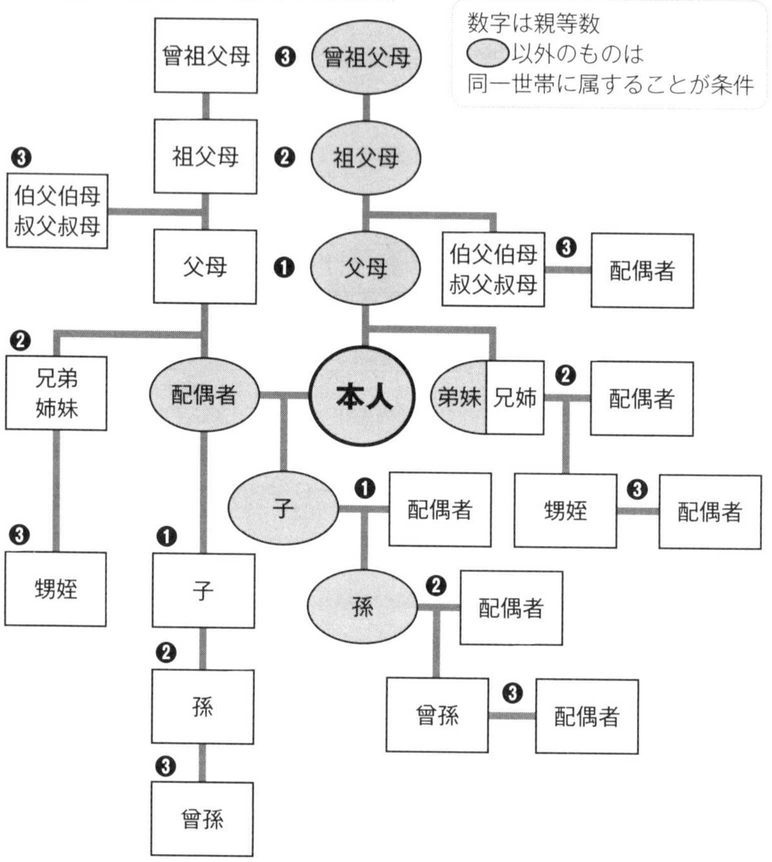

生計維持されているかどうかの判断は、同居の場合は「年収130万円未満、かつ被保険者の年収の半分未満」が基準となります。別居の場合は「年収130万円未満、かつ被保険者からの仕送額より少ないこと」が基準です。被扶養者になろうとする者が60歳以上、または障害者である場合は年収「180万円未満」と読み替えてください。

今回のケースでRさんは、年収130万円未満におさえて、被扶養者でいようとしていました。扶養から外れると、健康保険料と年金の保険料を支払わなければならず、手取り額が減るからというのが理由でしょう。130～150万円くらいまでは、確かに手取り額が減ります。ただし、厚生年金に加入すれば、将来もらえる年金額が増えますから一概に損だとは言えません。

年収と手取り金額の概略

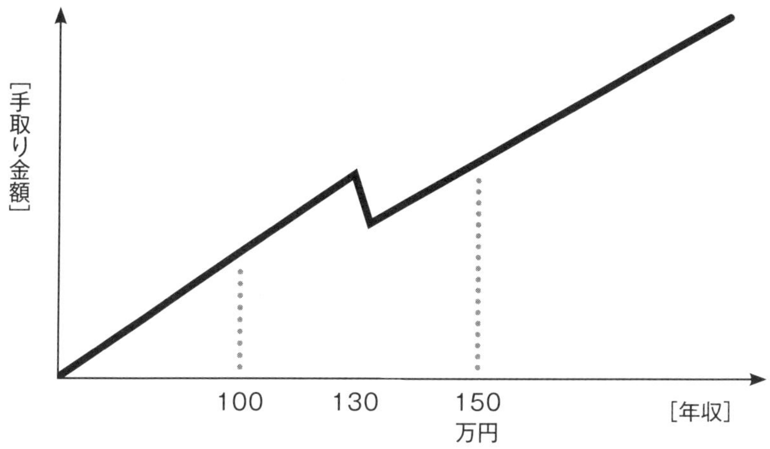

パートタイマーが社会保険適用になるかどうかは、扶養の要件とは別です。

①1ヶ月の所定労働日数が一般社員の概ね4分の3以上

②1日または1週間の所定労働時間が一般社員の概ね4分の3以上

この要件を両方とも満たしているのであれば、年収・本人の意思にかかわらず、社会保険に加入させなければなりません。入社から5日以内に健康保険・厚生年金保険被保険者資格取得届を届け出る必要があります。

事例 29

試用期間経過後に社会保険に加入させる

従業員30名ほどの会社で人事担当をしている者です。当社は従業員の定着が悪く、入社1～2ヶ月で辞めてしまうようなケースもけっこうあります。試用期間を2ヶ月設けており、その間は社会保険に加入させず、本採用になってから加入させています。先日、年金事務所の調査があり、試用期間中も社会保険に加入させるようにという指摘がありました。2ヶ月の契約期間なら、社会保険は適用されないと聞いたことがあったのですが。

失敗のポイント

試用期間中であるかどうかにかかわらず、それぞれの加入要件を満たしていれば社会保険・雇用保険は雇い入れ当初から加入させなければなりません。社会保険加入の適用除外である「2ヶ月以内の期間を定めて使用される者」と2ヶ月の試用期間は違いますので注意してください。

正しい処理

期間の定めのない労働契約であり、それぞれの加入要件を満たしていれば入社当初から社会保険に加入させます。2ヶ月以内の契約だったものが延長となった場合には、延長となった時から適用となります。

[解説]

そもそも試用期間とは、従業員としての能力や適性があるかを判断するために会社が設けた期間であり、期間の定めのある雇用契約とは別のものです。社会保険の適用除外となる「2ヶ月以内の期間を定めて使用される者」とは臨時的に雇う者のことです。

試用期間であっても正社員ならば当然に、入社当初から社会保険に加入させなければなりません。パートタイマー・アルバイトも、健康保険・厚生年金保険については所定労働日数及び所定労働時間が一般従業員の4分の3以上、雇用保険については1週間の所定労働時間が20時間以上であれば、入社当初から適用となります。

2ヶ月以内の契約で臨時的に雇った契約社員等の場合は社会保険の適用除外となりますが、契約延長となれば、延長となった時から社会保険に加入させなければなりません。たとえば、2ヶ月の契約のところ延長でさらに1ヶ月就労させる場合は、3ヶ月目から社会保険加入となります（遡って加入ではありません）。雇用保険は、31日以上継続雇用の見込みがあるのですから最初から加入です。

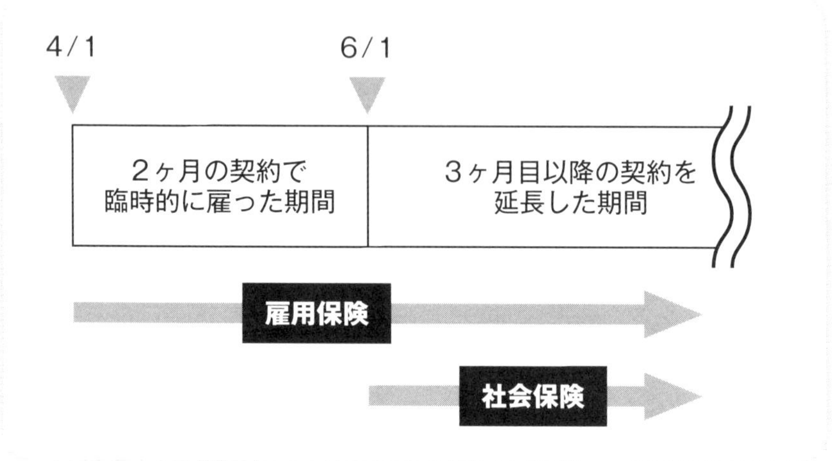

今回のケースでは、2ヶ月の試用期間中は社会保険に加入させず、本採用になってから加入させるようにしていますが、これは違法となってしまいますので注意してください。指摘を受ければ、入社当初に遡って社会保険に加入させることになります。

事例 30

外国人労働者を社会保険に加入させていない

飲食店を数店舗経営している者です。当社では外国人労働者を雇用しています。本人からは、いずれ帰るつもりだということを聞いていたので、社会保険に入っても掛け捨てになってしまうと思い、加入させていません。ところが先日、年金事務所の調査があり、加入させるようにとの指導を受けてしまいました。

失敗のポイント

外国人だからという理由で社会保険に加入させていませんでした。社会保険の適用について、国籍の要件はありません。企業が健康保険や厚生年金保険の適用事業所であれば、強制加入となります。雇用保険も原則的には日本人と同じように適用されます。

正しい処理

一般の従業員と同様に社会保険に加入させます。雇用保険や厚生年金に加入したがらない外国人労働者は多いのですが、任意に選択することはできないので、よく説明して納得してもらうほかありません。

[解説]

社会保険（健康保険、厚生年金保険）の適用事業所に常時使用される従業員は、国籍や賃金の額、本人の意思等にかかわらず原則としてすべて被保険者になります。任意に選択することはできません。健康保険だけ入って、厚生年金は掛け捨てになるから入らない、というようなことはできません。

厚生年金保険の掛け捨て防止として「脱退一時金」の制度があります。日本国籍を有していない短期在留外国人で、厚生年金の被保険者期間が6ヶ月以上あり、かつ、年金受給の権利を有していない場合は、日本を出国後2年以内に請求することができます。外国人労働者が厚生年金保険に加入したがらない場合、こういった制度を説明して納得してもらうほかありません。

また、ドイツ、イギリス、韓国、アメリカなど、二重加入や掛け捨て防止のために社会保障協定を結んでいる国もあります。社会保障協定締結国から一時派遣（派遣期間が5年を超えない見込み）された労働者であれば、厚生年金の加入が免除されます。そのほか保険期間を通算する制度などがありますので、社会保障協定締結国出身の労働者の場合、確認が必要になるでしょう。

雇用保険も、原則は国籍に関わらず適用します。ただし、次のような場合は雇用保険に加入できません。

1. 外国において雇用関係が成立した後で、日本国内にある事業所に赴任してきた労働者（外国で現地採用された日本人含む）
2. 外国公務員、外国の失業保険が適用されることが立証されている者

なお、今回のケースでは年金事務所の調査によって指摘を受けましたが、社会保険に加入している会社は、年金事務所の調査を受けることがあります。賃金台帳、出勤簿、労働者名簿等の書類をチェックして、社会保険料が正しく計算され、申告されているかを調べるのです。適用漏れがあると、2年間さかのぼって適用するよう指示があり、2年分の保険料を徴収されます。一括で社会保険料を支払うのは大きな負担になりますし、従業員側も一括で社会保険料を支払わなければならなくなるので、大変です。十分注意しましょう。

脱退一時金とは

外国人であっても、厚生年金の適用事業所に雇用されていれば、原則として被保険者となります。短期在留外国人の厚生年金保険料掛け捨て防止のために、脱退一時金制度があります。被保険者

期間が6ヶ月以上あり、年金受給の権利を有していない場合に、請求することができます。

脱退一時金の額は、次の式で計算されます。

平均標準報酬額×支給率｛(前年10月の保険料率※1×1/2)×被保険者期間月数に応じた数※2｝

※1　最後に被保険者の資格を喪失した日の属する月が1～8月のときは、前々年の10月の保険料率

※2

被保険者期間	数
6月以上12月未満	6
12月以上18月未満	12
18月以上24月未満	18
24月以上30月未満	24
30月以上36月未満	30
36月以上	36

ただし、次に該当する場合は脱退一時金の請求はできません。

1. 日本国内に住所を有しているとき
2. 障害厚生年金その他政令で定める保険給付の受給権を有したことがあるとき
3. 最後に国民年金の被保険者資格を喪失した日（喪失日に日本国内に住所を有していたときは、その後初めて日本国内に住所を有しなくなった日）から2年を経過しているとき
4. 厚生年金保険法による年金たる保険給付に相当する給付を行う

ことを目的とした外国の法令の適用を受ける者または受けたことがある者であって政令で定めるものであるとき

事例 31

2か所で役員をする場合の社会保険

２つの会社で代表取締役をすることになりました。社会保険は、もともと私が代表取締役をしているＡ社で入っています。２か所以上から報酬を得る場合、主たる勤務先で社会保険に入ると聞いたことがあったので、新たに代表取締役に就任したＢ社では、とくに手続きをしていません。Ｂ社からも報酬は得ています。

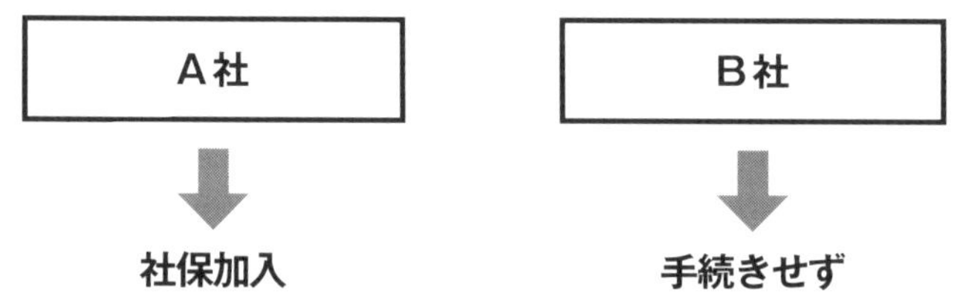

失敗のポイント

２か所から報酬が出ていても、社会保険については１か所で加入すればいいと思っていました。２か所から報酬を得ている役員は、原則として報酬を合算して社会保険料を決める必要があります。

従業員の場合は、社会保険加入の要件を２社で満たすことが難しい（勤務日数、時間が一般従業員の４分の３以上）ため、実際にはあまりありませんが、両方の会社で被保険者の要件を満たすなら同じように報酬を合算して社会保険料を計算します。

正しい処理

２つ以上の会社に勤務することとなった日（今回のケースでは、Ｂ社の代表取締役になった日）から５日以内に「被保険者資格取得届」、10日以内に「被保険者所属選択・二以上事業所勤務届」を届け出ます。

[解説]

2つ以上の会社に勤務する従業員の場合、両方で被保険者の要件を満たすことはあまりありません。勤務日数・時間が一般従業員の概ね4分の3以上であることが要件だからです。A社で正社員、B社ではアルバイトというようなケースでは、被保険者の要件を満たすA社のみで社会保険に加入すればいいことになります。

しかし、役員の場合は2社以上で被保険者となることがあります。月1回の役員会への出席などを行う社外取締役で、経営に大きく関わらないような場合を除き、原則として報酬を合算します。(代表取締役の場合は、必ず被保険者となります。)

たとえば、A社から50万円、B社から30万円の役員報酬をもらう場合は、両方の報酬を合算して報酬月額を出し、保険料は会社ごとの報酬月額で按分します。

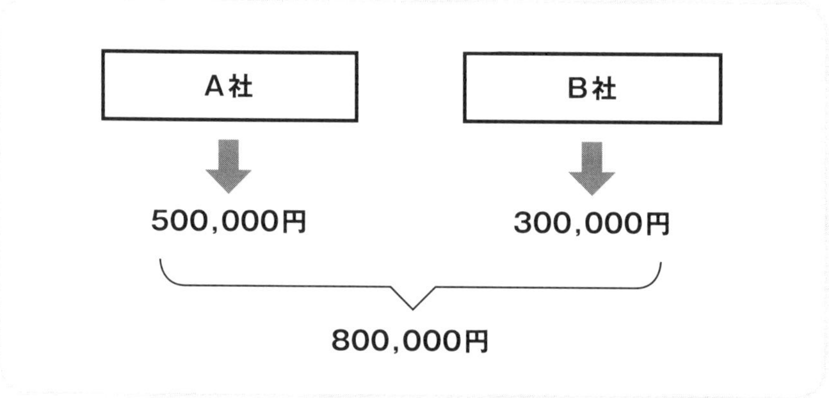

＜報酬＞

Ａ社　500,000円

Ｂ社　300,000円

報酬月額　800,000円（合算）

＜標準報酬月額＞

健康保険　790,000円

厚生年金保険　620,000円

＜保険料＞

Ａ社　健康保険料＝790,000円×保険料率×500,000/800,000

厚生年金保険料＝620,000×保険料率×500,000/800,000

Ｂ社　健康保険料＝790,000円×保険料率×300,000/800,000

厚生年金保険料＝620,000×保険料率×300,000/800,000

1つの会社で標準報酬月額が上限に達している場合でも、「二以上事業所勤務届」の届け出が必要です。上限額で計算した保険料が、それぞれの会社の報酬月額で按分されます。

具体的な手続き方法としては、新たに役員となった適用事業所の管轄年金事務所および健康保険組合へ事実発生の日から5日以内に「被保険者資格取得届」を提出し、10日以内に、選択する管轄年金事務所等へ「被保険者所属選択・二以上事業所勤務届」を提出します。

事例 32

派遣社員の面接

従業員20名ほどの会社を経営しています。ベテランの事務員が家庭の事情で急に退職することになり、事務能力の高い従業員を雇う必要が出ました。退職の日が迫っていることもあり、派遣を活用することにしました。派遣会社に連絡をして、面接の設定をしてもらえるよう頼んだところ、断られてしまいました。

失敗のポイント

派遣社員を受入れる際、正社員やパートタイマーと同じように事前面接が必要だと思っていました。労働者派遣法では、事前の面接等によって派遣社員を特定する行為を禁止しています。

正しい処理

派遣会社にニーズを伝え、適格な人を選んでもらうことになります。人選するのはあくまでも派遣元の会社です。例外として、派遣期間終了後に直接雇用を予定する「紹介予定派遣」の場合は、事前面接や履歴書送付が可能です。

［解説］

労働者派遣とは、派遣元（派遣会社）が雇用する労働者を、派遣先の指揮命令を受けさせて、派遣先のために労働させることを言います。派遣労働者は派遣元と雇用契約を結んでおり、派遣元と派遣先の間では労働者派遣契約が結ばれます。

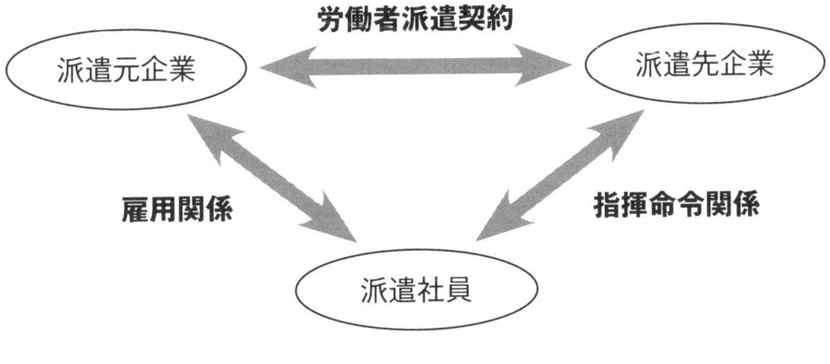

労働者派遣法には、「労働者派遣（紹介予定派遣を除く。）の役務の提供を受けようとする者は、労働者派遣契約の締結に際し、当該労働者派遣契約に基づく労働者派遣に係る派遣労働者を特定することを目的とする行為をしないように努めなければならない」とあります（第26条7項）。また、派遣先が講ずべき措置に関する指針（平11労働省告示　第138号）において、事前面接、履歴書送付、若年者に限定する等、派遣社員を特定する行為を禁止しています。

紹介予定派遣

例外として、事前面接や履歴書送付など派遣労働者を特定することが可能なのが「紹介予定派遣」です。紹介予定派遣とは、派遣期間終了後に直接雇用することを予定して行う派遣のことです。紹介予定派遣の場合、次のような注意点があります。

- 派遣受入期間は6ヶ月を超えることができません。
- 派遣期間終了後に、直接雇用することを希望しなかった場合は、派遣労働者の求めに応じてその理由を明示することが必要になります。
- 紹介予定派遣により雇用した従業員に対しては、試用期間を設けることができません。

今回のケースでは、紹介予定派遣以外の派遣であるので、事前面接を断られましたが、実際は「打ち合わせ」「顔合わせ」等の名目で事前に対面の時間をとっていることが多いです。派遣先と派遣社員のミスマッチによるクレームを防ぐため、派遣元も事前面接等の要望は断らず、機会をつくっているようです。しかし、正社員やパートタイマーと同様に面接をして人選をするのであれば、派遣会社が存在する意味がありません。派遣先は能力等のニーズを伝えて、派遣元が最適な人を選ぶのが本来です。派遣制度について理解したうえで活用していきたいものです。

事例 33

派遣社員の長期間受入れ

専門商社の人事担当をしています。当社には派遣社員が数名いて、一般事務の仕事をしてもらっています。そのうち１名は、当社に派遣されるようになってまもなく３年になります。

先日、派遣社員を長期間使用していた会社に行政指導が入ったというニュースを見ました。当社も派遣社員を長期間受入れることはできないのでしょうか。

失敗のポイント

一定の業務を除き、派遣契約の上限は原則１年です（労働者の過半数代表の意見を聴いて期間を定めた場合は最長３年）。派遣受入期間を超えて、派遣社員を使用する場合は、直接雇用の義務が発生します。今回のケースのように、一般事務の仕事を恒久的に派遣社員でまかなおうとするのは注意が必要です。

正しい処理

派遣受入期間を超えて、その派遣社員を使用する場合で、以下の要件に該当するのであれば、直接雇用します。

1. 派遣実施期間の終了までに、派遣先に雇用されてその業務に従事する希望を申し出たこと
2. 派遣実施期間の終了した日以後7日以内に派遣元との雇用関係が終了したこと

[解説]

労働者派遣については、専門的知識・技術・経験や特別な雇用管理が必要な一定の業務を除き、同一の業務に派遣労働者を受入れられるのは原則1年までです。派遣先が過半数労働組合、または労働組合がない場合は労働者の過半数を代表する者の意見を聴いて期間を定めた場合には、最長3年まで派遣社員を受入れることができます。

派遣受入期間の制限がない業務は、次の26業務です。

1.ソフトウェア開発
2.機械設計
3.放送機器等操作
4.放送番組等演出
5.OA機器操作
6.通訳・翻訳・速記
7.秘書
8.ファイリング
9.調査分析
10.財務処理
11.貿易事務
12.デモンストレーション
13.添乗
14.建築物清掃
15.建築設備の整備・運転
16.受付・案内・駐車場管理
17.研究開発
18.事業実施体制の企画・立案
19.書籍等の制作・編集
20.広告デザイン
21.インテリアコーディネーター
22.アナウンサー
23.OAインストラクション
24.テレマーケティング
25.セールスエンジニアの営業
26.放送番組等の大道具・小道具

長期間派遣社員を受入れる場合、自社の従業員として直接雇用をする義務が発生します。

派遣受入期間の制限がある場合

原則1年、最長3年の派遣受入可能期間を超えて、同一業務に派遣社員を就かせることは違法となります。労働者派遣法では、次のように定められています。

派遣先が、同一業務に継続して1年以上派遣受入可能期間以内の期間、派遣社員を受入れた場合、派遣実施期間終了後もこの業務を続けるために従業員を雇い入れようとする場合には、次の要件を満たす派遣社員を雇用するよう努めなければなりません。

1. 派遣実施期間の終了までに、派遣先に雇用されてその業務に従事する希望を申し出たこと
2. 派遣実施期間の終了した日以後7日以内に派遣元との雇用関係が終了したこと

（労働者派遣法第40条の3）

派遣元は、派遣先が派遣受入可能期間を超えて派遣社員を受入れ、派遣受入期間の制限に抵触することとなる場合は、当該派遣先と派遣社員にその旨を通知しなければなりません。派遣先は、その通知を受けた派遣社員を使用しようとするときは、雇用を希望する者に雇用契約の申込みをしなければなりません。（労働者派遣法第40条の4）

派遣受入期間の制限がない場合

同一の業務に同一の派遣社員を、3年を超える期間継続して受入れており、それ以降、その業務のために従業員を雇い入れようとするときは、その派遣社員に雇用契約の申込みをしなければなりません。（労働者派遣法第40条の5）

なお、必ずしも正社員として雇用する必要はありません。契約社員、アルバイト等でも可能です。

事例 34

派遣社員に契約外の業務を行わせる

当社にはデータ入力業務を行う派遣社員Ｎがいます。営業担当の社員が、Ｎに対しお茶出しや後片付け、プレゼン資料のコピーを頼んだということでＮから苦情がありました。契約外の仕事だというのです。営業事務の社員と同じように扱ってしまったようです。

失敗のポイント

派遣契約で定めた業務の範囲を超えて、仕事を頼んでしまいました。派遣社員は、あくまでも派遣元会社に雇用されている従業員であり、派遣契約の内容に従って業務を行います。自社の従業員と同じように働かせることができるわけではありません。

正しい処理

派遣社員を受入れるにあたっては、就業条件を明確にし、自社の従業員には派遣制度や指示できる業務の範囲等について周知することが必要です。

派遣先は、派遣契約を円滑かつ的確に遂行するため、次の措置を講じることとされています。

1. 就業条件の周知徹底
2. 就業場所の巡回
3. 就業状況の報告
4. 労働者派遣契約の内容の遵守に係る指導

[解説]

派遣社員は、あくまでも派遣元会社の従業員です。派遣元と派遣先との間で結んだ労働者派遣契約に基づき、派遣先の会社の指揮命令を受けて業務を行います。労働者派遣契約に定められた業務の範囲を超えて仕事を命じられても、派遣社員はこれに従う義務はありません。

今回のケースでは、営業担当者がNさんの業務の範囲を認識しておらず、派遣契約にない営業事務の仕事を命じてしまったようです。お茶出し等の業務も指示することがあるのであれば、あらかじめ派遣契約の中に入れておくことが必要です。

派遣社員を受入れる際には、従事させる業務の内容等、就業条件を明確にしましょう。そして、自社の従業員に対し、派遣制度についてや派遣社員の業務の範囲を周知することが大切です。「派遣先が講ずべき措置に関する指針」(平11労働省告示第138号)では、次の4つの措置を講じることとしています。

①就業条件の周知徹底

労働者派遣契約で定められた就業条件について、当該派遣労働者の業務の遂行を指揮命令する職務上の地位にある者その他の関係者に当該就業条件を記載した書面を交付し、または就業場所に掲示する等により、周知の徹底を図ること。

②就業場所の巡回

定期的に派遣労働者の就業場所を巡回し、当該派遣労働者の就業の状況が労働者派遣契約に反していないことを確認すること。

③就業状況の報告

派遣労働者を直接指揮命令する者から、定期的に当該派遣労働者の就業の状況について報告を求めること。

④ 労働者派遣契約の内容の遵守に係る指導

派遣労働者を直接指揮命令する者に対し、労働者派遣契約の内容に違反することとなる業務上の指示を行わないようにすること等の指導を徹底すること。

労働者派遣基本契約書

（派遣先事業所）○○○○株式会社（以下「甲」という）と（派遣元事業所）○○○○株式会社（以下「乙」という）とは、乙がその労働者を「労働者派遣事業の適正な運営の確保及び派遣労働者の就業条件の整備等に関する法律」（以下「労働者派遣法」という）に基づき、甲に派遣するにあたり、以下のとおり基本契約を締結する。

第1条（目的）

本契約は、乙が、労働者派遣法及び本契約に基づき、乙の雇用する労働者（以下「派遣労働者」という）を甲に派遣し、甲が派遣労働者を指揮命令して業務に従事させることを目的とする。

第2条（適用範囲）

本契約に定める事項は、甲乙間において別途締結する労働者派遣個別契約について適用する。個別契約の内容が本契約と異なるときには、個別契約が優先される。

第3条（個別契約）

甲及び乙は、乙が甲に労働者派遣を行う都度、本契約に基づき労働者派遣個別契約（以下「個別契約」という）を締結する。当該個別契約には、甲乙協議のうえ、派遣労働者の従事する業務内容、就業場所、就業期間、その他の必要な事項について定めるものとする。

第4条（派遣料金）

甲は、本契約に基づく労働者派遣の対価として乙に派遣料金を下記振込口座に振り込んで支払う。派遣料金は業務内容等により、別途定めるものとする。乙は甲に対し、派遣料金の算定根拠を書面により通知しなければならない。

○○銀行○○支店
普通口座　○○○○○○○
口座名義　○○○○株式会社

第5条（責任者）

本契約に関する責任者は以下のとおりとする。

甲：　○○　○○　TEL ○○―○○○○―○○○○
乙：　○○　○○　TEL ○○―○○○○―○○○○

第6条（費用）

派遣労働者が甲の業務を遂行する際に生じる設備利用費、光熱管理費、通信費及び事務費等の一切の費用は甲の負担とする。

第7条（派遣労働者の確保）

乙は、派遣労働者に対し、甲の業務遂行に支障が生じることのないよう、適切な管理を行わなければならない。

2　乙は、派遣労働者の人員に欠員が生じるおそれがある場合は、速やかに甲に対しその旨を通知し、直ちに欠員の補充を行わなければならない。

第8条（指揮命令者）

甲は、自己の雇用する労働者の中から、就業場所ごとに指揮命令者を選任するものとする。指揮命令者は、業務の処理について、個別契約に定める事項を守って派遣労働者を指揮命令し、契約外の業務に従事させることのないよう留意し、派遣労働者が安全、正確かつ適切に業務を処理できるよう、業務処理の方法その他必要な事項を派遣労働者に周知し指導する。

第9条（苦情処理）

本契約に基づく派遣労働者からの苦情処理の申出先は以下のとおりとする。

甲:　○○　○○　TEL ○○—○○○○—○○○○

乙:　○○　○○　TEL ○○—○○○○—○○○○

第10条（守秘義務）

甲及び乙は、本契約に基づき相手方から開示された情報を守秘し、第三者に開示してはならない。本契約または個別契約終了後も同様とする。

第11条（安全衛生）

甲は、派遣労働者の就業につき、生命、身体の安全及び衛生に配慮する義務を負う。

第12条（便宜供与）

甲は、乙の派遣労働者に対し、食堂、更衣室、その他の施設または設備について、利用することができるよう便宜供与に努めるものとする。

第13条（損害賠償）

派遣業務の遂行において、派遣労働者が本契約または個別契約に違反し、もしくは故意または重大な過失により甲に損害を与えた場合は、乙は甲に賠償責任を負うものとする。

2　前項の場合において、その損害が、派遣労働者の故意または重大な過失と指揮命令等との双方に起因するときは、甲及び乙は、協議して損害の負担割合を定めるものとする。

第14条（契約解除）

甲または乙は、相手方が正当な理由なく労働者派遣法その他の関係法令または本契約もしくは個別契約の定めに違反した場合には、契約の全部または一部を解除することができる。

2　甲または乙は、相手方が次の各号の一に該当した場合には、将来に向かって本契約を解除することができる。

①手形交換所の取引停止処分があったとき。

②公租公課の滞納処分のあったとき。

③差押、仮差押、仮処分、強制執行、競売その他これらに準じる手続が開始されたとき。

④破産、民事再生、会社更生等の申立があったとき。

⑤営業を廃止し、または清算に入ったとき。

⑥災害、労働争議等、本契約または個別契約の履行を困難にする事由が生じたとき。

⑦労働者派遣法等関係法令に違反して、一般労働者派遣事業の許可を取消されもしくは事業停止命令を受け、またはその有効期間の更新ができなかったとき。

⑧相手方に対する詐術その他の背信行為があったとき。

3　本条に基づく解除については、損害賠償の請求を妨げないものとする。

第15条（派遣契約の中途解除）

甲は、やむを得ない事情により個別契約期間が満了する前に契約の解除を行おうとする場合には、少なくとも30日前に、乙にその旨を予告しなければならない。

2　甲は、前項の契約解除の予告日から契約の解除を行おうとする日までの期間が30日に満たない場合には、少なくとも契約の解除を行おうとする日の30日前の日から当該予告当日までの期間の日数分の派遣労働者の賃金に相当する額について、損害の賠償を行わなければならない。

3　甲及び乙は、派遣労働者の責に帰すべき事由なしに、個別契約期間満了前に解除されるときは、派遣労働者の新たな就業機会を確保するよう努めなければならない。

第16条（有効期間）

本契約の有効期間は、平成○年○月○日から平成○年○月○日までの1年間とする、ただし本契約期間満了の1ヶ月前までに、甲乙いずれからも契約終了の意思表示のない限り、本契約は同一の条件で更に1年間更新されるものとし、それ以後も同様とする。

第17条（協議解決）

本契約に定めのない事項、または本契約の条項の解釈につき疑義の生じた事項については、甲乙協議のうえ解決する。

第18条（管轄裁判所）

本契約について紛争が生じた場合、○○地方裁判所を管轄裁判所とする。

本契約締結の証として本書2通を作成し、甲乙記名捺印の上、各1通を保有することとする。

平成　　年　　月　　日

甲　:

乙　:

個別契約書

（派遣先事業所）○○○○株式会社（以下「甲」という）と（派遣元事業所）○○○○株式会社（以下「乙」という）は、平成○年○月○日付労働者派遣基本契約書に基づき、以下の内容で個別契約を締結する。

業務内容	○○の業務
就業場所	事務所の名称:
	所在地:
派遣期間	平成○年○月○日～平成○年○月○日
休日	法定休日　　日曜日 法定外休日　会社カレンダーに従う
就業時間	始業時刻 終業時刻 休憩時間 労働時間の延長　　□あり　　□なし 延長可能な日数 延長可能な時間
派遣労働者の人数	○人
派遣料金	派遣労働者の就業時間1時間あたり○円 時間外勤務の割増 時間外（25％増）、深夜時間（25％増）、 深夜残業（50％増）、法定外休日（25％増）、 法定休日（35％増）とする
特約事項	

本契約締結の証として、本契約書2通を作成し、甲乙相互に署名・捺印のうえ、各1通を保管することとする。

平成　　年　　月　　日

甲　：

乙　：

事例 35

従業員の区分がはっきりしない

　マーケティングリサーチ会社で人事担当をしています。
　当社のパートタイマーＲが慶弔金について聞いてきたので、「パートさんは慶弔金の規定がありませんよ」と伝えると、「私は正社員じゃないんですか？」と言います。確かにＲは正社員と同じような仕事をしており、残業もしていますが、採用のときには「パートタイマーで」と言ってあるはずです。就業規則には、従業員の区分について明確な定めがありませんでした。

失敗のポイント

　従業員の区分について明確な定めがなかったために、誤解が生じてしまいました。
　パートタイム労働法により、パートタイマーでも正社員と同じように仕事をしている等一定の要件に該当する場合は、福利厚生等の待遇を差別することが禁止されています。

正しい処理

正社員以外の従業員について、同じ呼び名でも会社によって定義はさまざまです。就業規則に、従業員の区分について明確に定めておきましょう。そして、従業員区分を明確にした雇用契約書を交わします。

[解説]

正社員だけでなく、準社員・契約社員・パートタイマー・アルバイト・嘱託社員等、さまざまな名称や区分で業務に従事させている会社が多くなっています。

従業員の区分について法律には規定がありませんので、会社独自に定義し、それぞれの労働条件を定めています。フルタイムで勤務している従業員でも「パート」と呼んだり、雇用期間の定めがなくても「契約社員」と呼んだりしていることもあります。

正社員以外の従業員がいる場合には、従業員の区分を明確に定めて、それぞれの労働条件に応じた規定を作っておく必要があります。区分を明確にしておかないと、会社の認識と本人の認識が異なっていることが原因でトラブルが発生してしまいます。

パートタイム労働法における「パートタイム労働者」とは、「1週間の所定労働時間が同一の事業所に雇用される通常の労働者の1週間の所定労働時間に比べて短い者」のことです。正社員の所定労働時間が週40時間なら、所定労働時間が週40時間未満の者はアルバイト、契約社員等名称にかかわらず「パートタイム労働者」に該当します。

今回のケースで、Rさんは正社員と同じように働いているとのことですが、同じ仕事をしているなど一定の要件に該当するのであれば、待遇について差別してはなりません。名称だけ「パートタイマー」だからと言って、慶弔金の規定が適用されないのはおかしいのです。

一定の要件とは以下の3つです。

1. 「職務の内容」(業務の内容と業務に伴う責任の程度)が同じかどうか
2. 職務の内容が同じ場合、「転勤や配置転換などの人材活用の仕組みや運用など」が同じかどうか
3. 契約期間に定めがないか、自動更新等によってそれと同じと考えられる状態かどうか

これらすべてに当てはまれば、パートタイマーであることを理由として賃金の決定、教育訓練の実施、福利厚生施設の利用その他の待遇についての差別は禁止されています(パートタイム労働法第8条)。

規定例

第○条（従業員の定義）

本規則及び付属規程における従業員とは、所定の手続きによって雇い入れられた者をいい、その種類は以下のとおりとする。

(1) 正社員　期間の定めなく雇用された従業員
(2) 契約社員　期間を定めて雇用された従業員
(3) パートタイマー　1日または1週間の所定労働時間が正社員より短い従業員
(4) アルバイト　学生など他に身分を有する者で、業務上臨時の必要により期間を定めて雇用された従業員
(5) 嘱託社員　定年後再雇用された従業員及び定年年齢以降に新規に雇用された従業員

事例 36

出向先でメンタルヘルス不全

通信系の会社で人事担当をしています。当社では従業員を数名、関連会社に出向させています。そのうちの一人が、出向先でメンタルヘルス不全になってしまったようです。出向先の会社は非常に忙しく、従業員の健康に配慮するようなことはしていないことはわかっていましたが、当社では従業員の様子がわかりません。メンタルヘルス不全になった従業員に対する責任は、出向先にあると考えます。出向の形態は、在籍出向です。

失敗のポイント

出向先が一次的には安全配慮義務を負っていますが、出向元に責任がないとは言えません。出向先が安全配慮義務を果たしていないことを知りながら放置していた場合は、出向元の責任も問われます。今回のケースでは、出向先の業務が過重で健康に配慮していないことを認識しながら何の措置も取らなかったということで、出向元も責任を問われる可能性が高いと言えます。

正しい処理

在籍出向の場合、従業員は出向元と雇用契約関係にあります。二次的とはいえ安全配慮義務を負っていることを認識し、出向させた従業員についても状況の把握に努めましょう。そして、問題が見つかれば適切な対応をとります。

[解説]

出向とは、出向元の従業員が出向先の指揮命令を受けて労務の提供を行う形態を言い、「在籍出向」と「移籍出向（転籍）」に分かれます。今回のケースでは「在籍出向」とのことですので、出向元との雇用関係を維持したまま出向先の指揮命令を受けて働いていることになります。（転籍の場合は、出向元との労働契約を解消し、出向先と労働者との間で新たに労働契約を締結します。）

メンタルヘルス不全になってしまった従業員も、出向元と雇用関係にあります。しかし、実際に業務の指示をし、労働時間の管理等を行っているのは出向先ですので、一次的には出向先が安全配慮義務を負っています。これは労働者派遣法に基づいて派遣されている従業員についても同じです。

出向先で事故があったり、過重労働により従業員がメンタルヘルス不全になったりすれば、まず責任を問われるのは出向先です。ただし、出向元に責任がないわけではありません。「安全配慮義務は、まず労働に関する指揮命令権の現実の帰属者たる出向先においてこれを負担すべきものであるが、身分上の雇用主たる出向元も、当然にこれを免れるものではなく、出向社員の経験、技能等の能力に応じ出向先との出向契約を介して労働環境の安全に配慮すべき義務を負う」とされています（大成建設事件　昭49.3.25　福島地裁）。

実際は個別具体的にその責任を判断されることになりますが、出向先に安全配慮義務があることを認識しながら、具体的措置をとらずに放置したような場合は、出向元も安全配慮義務を問われる可能性が高いです。出向させた従業員についても、状況を把握するよう努め、問題を見つければ直ちに適切な対処をすることが必要です。

裁判例　デンソー（トヨタ自動車）事件（平20.10.30　名古屋地判）

出向中の従業員がうつ病を発症したことについて、出向元と出向先に安全配慮義務違反があることを認めた事件。

出向元は「業務の軽減、その他何らかの援助を与えるべき義務が生じ、その後も当該従業員の業務遂行の状況や健康状態に注意し、援助を与える義務があったというべきであり、それにもかかわらず、第1回うつを発症するまでこれを怠り、また、出向元に帰社させるべきであったのに、かえって長期出張をしたのであるから、同義務の不履行がある」とされた。

事例 37

請負契約への切替え

精密機器メーカーの人事担当をしています。調子のいいときに一気に組織を拡大したのですが、ここのところ売上が落ち込み、厳しくなってきています。そこで、社員を請負契約に切替えることを検討しています。請負ならば、労働基準法にしばられることもなく、社会保険料も残業代も支払う必要がなくなると聞きました。給料を１割程度上乗せして、社員の同意を得ようかと考えています。

失敗のポイント

安易な請負契約への切替えはリスクが高いです。形式上請負契約に切替えても、実質的に「労働者」であれば、違法な偽装請負となります。社員でなく「業者」相手に仕事を発注することになりますから、組織としての求心力もなくなるでしょう。

また、従業員にとってみると、個人事業主へと変わることで、これまであった保障がなくなります。十分に説明して理解を得なければ、のちに大きなトラブルとなる可能性があります。

正しい処理

請負契約に切替えるメリット・デメリット、リスクを理解したうえで、慎重に検討してください。請負契約にする場合には、従業員には退職してもらわなければなりません。十分に説明し、待遇等も検討して同意を得る必要があります。

[解説]

請負契約とは、「当事者の一方（請負人）がある仕事を完成することを約し、相手方（注文者）がその仕事の結果に対してその報酬を支払うことを約する」契約です（民法第632条）。雇用契約は、「当事者の一方（労働者）が相手方に対して労働に従事することを約し、相手方（使用者）がこれに対してその報酬を与えることを約する」契約です（民法第623条）。

請負契約の場合は、個人事業主に対して仕事を発注することになります。請負人に対して指揮命令をすることはできず、仕事を受けるかどうか、仕事の進め方や時間配分等は本人に任されています。「今日はこの作業をしてください」「何時に出社してください」といった指示をすることはできません。個人事業主に対して仕事を依頼するかたちで本当にできるのかどうか、検討する必要があります。

確かに、従業員を請負契約に切替えると、コスト削減になります。従業員は個人事業主となりますから、労災・雇用・健康・厚生年金保険は適用されません。自分で国民健康保険・国民年金の保険料を支払うことになります。労働者ではないので、長時間働いても残業代は必要なく、有給休暇もありません。労働基準法に制限されることがなくなります。

請負契約に切替える際には、従業員に対しこういったことを十分に説明して理解を得ないと、のちのち大きなトラブルになります。今回のケースでは、賃金を1割程度上乗せして同意を得ようとしていますが、多くの場合は従業員の負担感のほうが大きいでしょう。「騙された」と労働基準監督署に駆け込んだり、「実質的には労働者だった」ということで残業代未払いを訴えたりということが増えています。

請負人は労災も適用されませんから、業務上の事故等があっても、治療費や休業補償がありません。自分が労働者なのか請負人なのか明確でないと感じている場合は、労働組合や労働基準監督署に相談し、労働者性を認めてもらって労災保険の適用を受けたいと考えます。形式上請負契約でも、指揮命令のもとで労務の提供をしているのであれば、「労働者」と認められ、労働基準法が適用されます。労働者性が認められれば、社会保険料が相当期間訴求され、残業代等の支払も請求されてしまいます。

請負契約への切替えは、リスク等を理解したうえで慎重に検討してください。

事例 38

正社員からパートタイマーへの契約変更

不動産関連の会社を経営しています。業績不振で余剰人員を抱えることができず、今後の対応を検討しているところです。現在正社員として働いている者数名を、パートタイマーへ契約変更したいと考えています。正社員は日給月給制で１日８時間就労していますが、パートタイマーは１日６時間で時給です。

失敗のポイント

会社の都合で一方的にパートタイマーへ契約変更することはできません。労働条件がまったく異なる労働契約の変更は、従来の契約を解除して新たな労働契約を結んだとして見なされます。正社員としての契約を解除することは、解雇にあたりますので客観的合理性と社会的倫理が問われることになります。

正しい処理

一方的に契約変更をしようとすれば、解雇であるとして不当を訴えられるリスクが高いです。会社の状況等を説明し、従業員の自由な意思によって合意を得ることができれば、パートタイマーとして労働契約を結びなおすこともできるでしょう。

[解説]

労働契約法第6条には、「労働契約は、労働者が使用者に使用されて労働し、使用者がこれに対して賃金を支払うことについて、労働者及び使用者が合意することによって成立する」とあります。労働契約は労使双方の合意によって成立するものですので、会社側が一方的に正社員からパートタイマーへ労働契約を変更したいと言っても、本人の同意がなければできません。

パートタイマー、アルバイト、契約社員等、名称はどうあれ、1日8時間で日給月給制と1日6時間で時給では、労働条件がまったく異なります。こういったケースでは、同一の契約内容の変更ではなく、従来の契約を解除し、新たな契約を締結したと見なされます。つまり、正社員としては退職させ、パートタイマーとして雇い入れるかたちになります。正社員を解雇するのと同じですから、客観的合理性と社会通念性がなければ、解雇権の濫用として無効になるでしょう。さらに、業績不振での解雇であって、従業員に責任がありませんから「整理解雇の4要素」によって判断されることになります(事例05　業績悪化による内定取消し　参照)。

このように、一方的に契約変更をしようとすると不当解雇とされるリスクが高いです。余剰人員を抱えることができず、やむを得ない状況なのであれば、会社の状況等を具体的に従業員に説明します。退職金の積み増し等も検討する必要があるでしょう。従業員の合意を得られれば、パートタイマーとして新たな労働契約を結ぶことも可能となります。

MEMO

事例 39

パートタイマーを正社員登用するときの試用期間

病院を経営しています。３年ほどパートの看護師として勤務していたＫを正社員看護師として登用することになりました。Ｋに対し、試用期間６ヶ月の間は各種手当がつかないことを説明したところ、「私はすでに３年も働いてきたのですから、試用期間は必要ないのではありませんか」と言われてしまいました。

パートタイマー 3年	試用期間 6ヶ月	本採用

各種手当なし

失敗のポイント

一定期間勤務しているパートタイマーを正社員に登用するような場合は、試用期間を設けるべきではありません。すでに人物や適性、勤務態度がわかっているのに、改めて試用期間を設ける必要性は低いはずです。

正しい処理

パートタイマーとして働いた期間が短く、適性等を十分に把握できていないか、これまでと異なる職種として正社員化するのでない限り、試用期間は設けません。今回のケースでは、試用期間なしで正社員化することになります。

パートタイマー 3年	本採用

[解説]

試用期間とは、従業員を採用するにあたって、能力や適性を判断するために設けられる期間です。すでにパートタイマーとして一定期間勤務している者を正社員化する際に、試用期間を設けるのは適切ではありません。裁判例では、嘱託のタクシー運転手を正社員に転換する際の試用期間について「雇用の開始に当たり、試用期間を設けることは当然に許されることである。しかし、雇用が継続中に試用期間を設けることは、試用という文言それ自体の趣旨から、原則として許されないものと解すべきである。このことは、労働者の合意があっても同様である。ただ、タクシー運転手として雇用されていたものが一般の事務員となり、あるいはその逆の場合のように新たに雇用したと同視できるような例外的な場合に限り、雇用途中の試用期間の設定が許されるものというべきである」と判示しています(ヒノヤタクシー事件　平元.8.16　盛岡地裁)。

これまでと異なる職種で正社員化するのであれば、試用期間を設けるのは問題ないでしょう。新たな職種での適性を判断するための期間と捉えられるからです。また、パートタイマーとして働いていた期間が短い場合も、試用期間を設けることは可能と考えられます。今回のケースでは、すでに3年間勤務しており職種の変更もないことから、試用期間を設けるのは適当でありません。

なお、平成20年4月に施行されたパートタイム労働法により、企業はパートタイマーから通常の労働者への転換を推進するため、次のいずれかの措置を講じなければならないとされています。

1.　通常の労働者を募集する場合、その募集内容を既に雇っているパートタイム労働者に周知する。

2. 通常の労働者のポストを社内公募する場合、既に雇っているパートタイム労働者にも応募する機会を与える。

3. パートタイム労働者が通常の労働者へ転換するための試験制度を設けるなど、転換制度を導入する。

4. その他通常の労働者への転換を推進するための措置。

事例 40

事務職への配置転換

通信講座の企画販売をしている会社の代表です。営業職として20代のMという男性を中途採用しました。しかし、半年経っても一度も予算を達成できていません。このまま営業手当や営業の費用を支払い続けるのは妥当でないと思い、事務職へ配置転換することにしました。しかし、本人に伝えたところ、「私は営業職で入社しているので、いやです」と拒否されてしまいました。

確かに営業職として採用していますが、就業規則には「業務の都合により、配置転換、転勤を命ずることがある」という規定があります。これに基づいて配転命令を一方的に行ってもいいのではないでしょうか。

失敗のポイント

配置転換等の人事権行使は、基本的には会社の裁量に委ねられますが、無制限に行使できるわけではありません。就業規則に配置転換の規定があっても、職種や就業場所を限定して労働契約を結んだ場合、それを変更することとなる配転は原則として本人の同意が必要となります。

正しい処理

今回のケースでは、職種を限定して労働契約を結んでいたので、他の職種への配置転換をするには本人の同意を得る必要があります。適性・能力を見て他の職種へ配置転換させる可能性があるのであれば、採用時に説明し、合意のうえで労働契約を結びましょう。

[解説]

配置転換とは、同一企業内で、労働者の職種・職務内容・就業場所等について長期にわたって変更する人事異動のことです。配置転換のうち、就業場所を変更することを「転勤」と言います。配置転換は、原則として会社の裁量に委ねられていますが、無制限に行使できるわけではありません。

従業員の個別同意なしに配転命令ができるのは、

1. 労働協約および就業規則に業務上の都合により配転を命ずることができる旨の規定があること
2. 実際にもそれらの規定に従い配転が頻繁に行われていること
3. 採用時に勤務場所・職種等を限定する合意がなされていないこと

とされています(東亜ペイント事件　昭61.7.14　最高裁)。

職種・勤務地等を限定して採用した従業員については、その条件を変更する配転には原則として同意が必要なのです。裁判例でも、語学を必要とする社長秘書業務を含む事務職として警備会社に採用された従業員が、警備業務へ職種変更されたことについて、配転命令無効とされている例があります(ヤマトセキュリティ事件　平9.6.10　大阪地裁)。

一方、アナウンサーとして採用された労働者の配置転換について、「長期雇用を前提としての採用の場合には、当分の間は職種がそれに限定されているが、相当な期間経過後、一定年齢に達した時点以降は他の職種に配転されるとの合意が成立していたと解される」として職種限定を認めなかった例もあります。

今回のケースでは、営業職に限定した合意のもとでの労働契約で、採用後まだ半年しか経っていないことから、一方的な配転命令は無効とされる可能性が高いと言えます。配転させるには、本人に事情等を説明して納得してもらう必要があります。適性や能力を見て、他の職種に配転させる可能性があるのであれば、当初からそれを説明し、合意して労働契約を結んでおくのがいいでしょう。

なお、退職勧奨拒否に対する嫌がらせとしてなされる配転命令等、不当な動機・目的をもってなされたものは認められません。

事例 41

子会社への転籍

ITコンサルの会社を経営しています。当社で行っている事業はいくつかあり、効率化のため、その一部門を子会社化することにしました。
現在その部門に所属している従業員を転籍させることになりますが、転籍を命じた従業員４名のうち、１名が拒否をしています。しかし、転籍拒否をした従業員を当社に残しておくにも、仕事がありません。転籍を拒否する従業員を解雇することはできるでしょうか。

失敗のポイント

転籍は、元の会社を退職して、新しい会社に移ることになります。従業員の個別の合意なく転籍を強要することはできません。

転籍を拒否した従業員の解雇は、整理解雇の４要素に照らして総合的に判断されることになります。まずは解雇回避の努力が必要です。

正しい処理

転籍命令の拒否を理由に解雇することは難しいと言えます。解雇を回避する努力をしてもなお人員削減の必要性があり、やむを得ない場合には、平均賃金30日分以上の解雇予告手当を支払う等、適切な手続きをとります。

[解説]

転籍とは、従前の会社を退職して、転籍先の会社と新たに労働契約を締結することで「移籍出向」とも言います。従前の会社との雇用関係を維持している「在籍出向」と異なり、就業規則等で包括的に同意を得るというわけにはいきません。従業員の個別的同意が必須です。

企業組織の再編において、特定部門を別会社にし、その部門の従業員を転籍させるようなケースも増えていますが、この場合でも一方的に転籍を命じたり、強要したりすることはできません。転籍を拒否した従業員を解雇する場合は、整理解雇の4要素（人員整理の必要性、解雇回避の努力、人選の合理性、手続きの妥当性）に照らして判断されることになります。裁判例でも、特定部門の子会社化に伴い当該部門の従業員を転籍させたが、転籍拒否をした1人を解雇したことについて、無効と判断された例があります（千代田化工建設事件　平6.12.20　最高裁）。

今回のケースでは、転籍を拒否した従業員の「仕事がない」ということですが、これを理由に解雇するのは難しいと言えます。転籍拒否の理由を聞いて、合意を得られるような処遇等を検討するか、現在の会社に残ることができるよう検討することが必要です。

解雇回避の努力をしてもなお、人員を整理する必要性があり、整理解雇もやむを得ないという場合には、30日以上前の解雇予告か、平均賃金30日分以上の解雇予告手当を支払い、適切な手続きをとってください。

MEMO

事例 42

当初予定していなかった転勤

輸入家具卸の会社で人事担当をしています。東京に本社、大阪に支社があるのですが、このたび東京の情報管理部のエンジニアＲを大阪に転勤させることになりました。Ｒを中途採用した５年前は、エンジニアについては転勤の可能性はないと考えていたので、そのように説明していました。しかし、事情が変わり、情報管理部は大阪に統合することにしたのです。

営業職の従業員については以前から転勤をさせており、転勤者には住宅手当を支給しています。Ｒにも同様の条件で転勤命令を出したところ、「転勤がないと聞いていたから入社したのだ」と言われてしまいました。

転勤がない旨を書面で本人に交付しているわけではありません。ただ、求人誌には「転勤なし」と記載していました。

失敗のポイント

採用時に、転勤の可能性がないと説明してしまっていました。口頭であっても、勤務地を限定した労働契約が成立していると考えられるので、それを変更するには合意が必要です。転勤を強制することはできません。

正しい処理

転勤させる必要性や事情を説明して、合意を得る努力をしてください。今後は、転勤の可能性が少しでもあれば、労働契約締結時から説明しておきます。

[解説]

配置転換の中でも、勤務地を変更するものを「転勤」と言います。配置転換は、業務上の必要に応じて会社の裁量に委ねられていますが、転居を伴う転勤は従業員の生活に少なからぬ影響を与えますので、無制限に命令できるわけではありません。

裁判例では、転勤命令が許されないのは、業務上の必要性がない場合、または業務上の必要性があっても他の不当な目的・動機によってなされたものであるとき、労働者に対し通常甘受すべき程度を著しく超える不利益を負わせるものであるときとされています（東亜ペイント事件　昭61.7.14最高裁）。

今回のケースでは、他の職種は転勤を行っており、転勤によって不利益が生じるわけではないようです。しかし、採用時に転勤の可能性がないと説明してしまっていたので、これを変更するには原則として個別の同意が必要となります。書面で明示したわけではなくても、口頭での説明、さらに求人誌での「転勤なし」との記載から、勤務地の限定に合意していると考えられます。職種や勤務地を限定した労働契約に合意している場合は、就業規則に包括的に「業務上の必要により、転勤、配置転換を行うことがある」と規定していたとしても、会社が一方的に契約変更をすることはできません。

職種を限定して採用している場合でも、新規事業の開設や組織の再編等によって、当初は予想していなかった配置転換が必要になることはあるでしょう。配置転換の可能性が少しでもあるのであれば、労働契約締結時より説明して合意を得ておくことが大切です。

なお、育児・介護休業法では転勤を伴う配置転換に関して、「子の養育又は家族の介護を行うことが困難となることとなる労働者がいるときは、当該労働者の子の養育又は家族の介護の状況に配慮しなければならない」としています（育児・介護休業法第26条）。転勤命令をしないことを要求しているわけではありませんが、子の養育や家族の介護の状況を把握するなど、何らかの配慮が必要になります。

事例 43

元請け都合の休日出勤

従業員５人ほどの広告制作会社を経営しています。当社の仕事の90％はＡ社から受注しています。最近またＡ社から大きな仕事が入りました。納期も短く、作業量もあることから契約社員を１人採用しました。「素材の撮影を○日の日曜日にどこどこでお願いします」とＡ社から言われたので、その契約社員に指示したところ「休日出勤があるとは聞いていません」と言われてしまいました。募集の際には「休日：土日祝日」としていましたが、実際には元請けの都合で決まることがよくあります。残業が必要になるかどうかも、元請け次第の部分があります。

失敗のポイント

従業員と雇用関係にある会社が労働条件に責任を持ちます。元請け会社は、下請け会社の従業員に対して指示することはできず、休日や残業等の労働条件に関して責任を持つことはありません。元請けが下請けの従業員に対して直接作業指示をするようなことがあれば、「偽装請負」として処罰の対象になる可能性があるので注意が必要です。

正しい処理

休日労働や残業をさせる必要があるのであれば、労使協定を結び、就業規則や雇用契約書の整備をします。

また、請負契約においては、具体的な仕事の進め方は請負人が決めます。A社にも一定の理解をしてもらうようにしましょう。

［解説］

休日労働や残業をさせる場合は、労使協定（36協定）を締結して労働基準監督署に届け出なければなりません。そして、1日8時間を超える場合には、超えた時間について2割5分以上、法定休日労働には3割5分以上の割増賃金を支払う必要があります。

今回のケースでは、休日労働について雇用契約を結ぶ際に説明をしておらず、就業規則等の定めもないようです。こうした場合、法的には休日労働を命じることが難しいと言えます。元請け会社の都合で、休日労働をさせざるを得ないと言っても、労働条件に関する責任は、従業員を雇用している下請け会社のほうにあります。まずは就業規則、雇用契約書等の整備を進めましょう。トラブルを防ぐためには、雇い入れ時に労働条件を確認して合意しておくことが大切です。

また、請負とは、当事者の一方（請負人）が仕事の完成を約束し、もう一方（注文者）がその仕事の完成に対して報酬を支払う形態のことです。元請けは「今日はこの作業をしてください」「何時に出社してください」といった具体的な作業の指示を下請けに対してすることはできません。今回のケースとは違いますが、元請けが下請けの従業員に直接指揮命令をすれば、「偽装請負」ととらえられますので注意が必要です。

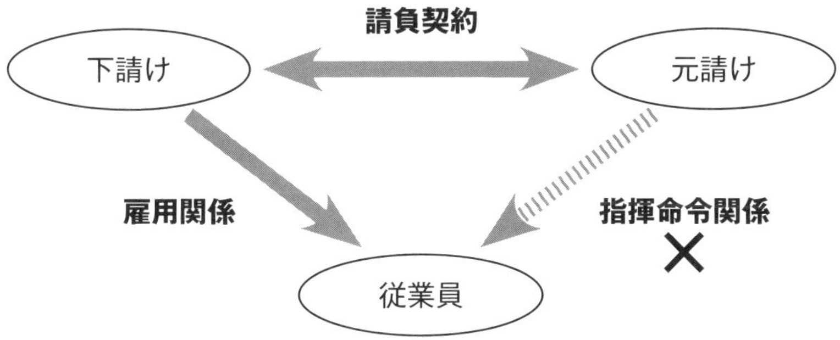

事例 44

在宅勤務と業務委託契約

美容系の会社で人事担当をしています。数ヶ月前にWEBまわりを担当している従業員のTが、在宅で仕事をしたいということだったので業務委託に切替えました。仕事の内容としては社内でやっていたことと基本的に同じで、サイトの更新とメルマガの作成、問い合わせ対応等です。毎月固定給を支払っており、当社以外の仕事を受けることは禁止しています。

先日、当社での打ち合わせに来る途中、Tは階段から落ちてケガをしました。Tは「私は在宅勤務者だから、労災が適用されますよね」と言います。Tは労働者ではないと思うのですが……。

失敗のポイント

在宅勤務なのか業務委託なのかが曖昧でした。名称はどうあれ、実態から労働者性を判断されることになります。固定給の支払、他社の業務を行わせないといった点から考えると、労働者と判断される可能性が高いです。

在宅勤務であれば、労働基準法をはじめ労働法が適用され、労災保険給付の対象になります。

正しい処理

業務委託契約に切替える際、きちんと契約書を交わし、誤解のないようにします。業務委託の場合、他社の仕事を受注することを禁止できません。報酬についても、固定給部分がある等、生活保障的な要素が強いと「労働者性」が認められます。

[解説]

業務委託契約とは、委託者より特定の業務の処理を委託され、他人の指揮命令下に入らず、自己の道具を使い、委託者に特定の業務の処理を提供する契約です(民法第656条)。委託者からの依頼で業務を処理する者は個人事業主であり、労働者ではありません。会社は社会保険に加入させる義務がなくなり、休日労働や残業についても手当を支払うことがなくなります。

一方、在宅勤務とは、労働者が労働時間の全部または一部について、自宅で情報通信機器を用いて行う勤務形態を言います。あくまでも会社との雇用関係を維持しており、労働基準法その他の法令の適用を受けます。当然、要件を満たせば社会保険に加入しますし、休日や時間外労働の手当が必要です。在宅勤務中に労働災害が起これば、労災保険給付の対象となります。

労働者となるかどうかは、会社にとっても本人にとっても、重大な違いとなります。契約時に明確にしておかないと、トラブルの元です。業務委託であれ、在宅勤務であれ、きちんと契約書を交わしましょう。

また、「業務委託社員」と呼んでいても、通常の社員と同じように時間管理がされていたり、具体的な指揮命令を受けている実態があれば、労働者と判断されることになります。

裁判例では、「労務の提供者が、『労働者』といえるか否かは、契約の形式によって当然に決まるものではなく、労働関係の実態において、会社と当該労務提供者との間に使用従属関係が実質的に存在するか否かによって決せられるべきものである」としています。この事件では、業務委託契約を結んでいた者からの従業員としての地位確認請求を棄却しました。「本件契約の場合、会社に具体的な指揮監督権が認められず、報酬が完全歩合制であることなどから、雇用関係があるとは言えない」(東海技研事件　平15.8.1　大阪地裁)。

業務委託について労働者性の判断の基準としては、以下のようなものが挙げられます。

・仕事の依頼、業務従事の指示等に対する諾否の自由があるか
・業務遂行上の指揮命令がないか
・労働時間管理等の拘束性がないか
・代替性があるか
・報酬の労働対償性はないか(時給、日給、月給などで計算されていないか)
・本人が所有する機械・器具等の使用を認めているか
・他の事業主の業務への従事が禁止されていないか

業務委託契約書

○○○○株式会社（以下「甲」という）と○○○○（以下「乙」という）とは、次の通り業務委託契約（以下、本契約）を締結する。

第1条（委託業務）

甲は、○○○○○○を目的として、以下の業務を乙に委託し、乙はこれを受託する。

(1)　○○○○○○○○○○
(2)　○○○○○○○○○○
(3)　これらに付随する一切の業務

第2条（業務の委託料等）

甲は乙に対し、業務委託料を別途定める報酬支払い規定に従い、乙の指定する銀行口座に翌月末日までに振込み支払う。なお振込手数料は甲の負担とする。

2 乙が委託業務の遂行にあたり経費を要した場合、事前に甲の承諾を得たときに限り、甲は乙に対し、承諾した範囲の費用を支払うものとする。

第3条（報告の義務）

乙は、受託業務における進行状況その他甲の要求する事項を、甲の指定に基づき報告しなければならない。

2 乙は、受託業務遂行上、以下に該当する事由が発生した場合は、甲に対し速やかに報告し、指示を得なければならない。

(1) 受託業務遂行における顧客とのトラブルが発生した場合

(2) 原因の如何を問わず、納期までに受託業務を完了できないことが判明した場合

(3) その他、受託業務遂行が困難となることが予想される場合

第4条（事故・災害）

乙により業務遂行上発生した事故や災害等については、甲の責に帰すべき事由による場合を除き、乙の責任において処理するものとし、甲は一切の責任を負わないものとする。

第5条（秘密保持）

甲及び乙が委託業務を実施するにあたり知り得た相手方の業務に関する秘密事項は、本契約の有効期限内はもとより、契約期間

終了後も第三者に開示してはならない。甲または乙がこれに違反したことにより相手方が損害を被った場合には、相手方に対し一切の損害を賠償しなければならない。

第6条（著作権の帰属）

本件委託業務に係わる著作権は、甲に帰属するものとする。

2 乙が本件業務遂行上で作成した成果物につき、乙に著作人格権が発生する場合、乙は同権利を行使しない。また、乙は甲の承諾なしにこれらのものを第三者に利用させてはならない。

第7条 （再委託の禁止）

乙は、本件業務の全部または一部を第三者に再委託することはできない。ただし、甲乙協議のうえ、甲が再委託の許可をした場合に限り、乙は本件業務の再委託をすることができる。

第8条（契約解除）

甲または乙は、相手方が次の各号の一に該当した場合には、何らの通知催告を要せず、直ちに本契約の全部または一部を解除することができるものとする。

1 本契約に違反したとき。

2 手形交換所の取引停止処分があったとき。

3 差押、仮差押、仮処分、強制執行、競売その他これらに準じる手続が開始されたとき。

4 破産、民事再生、会社更生等の申立てがあったとき。

5 営業を廃止し、または清算に入ったとき。

6 災害、労働争議等、本契約の履行を困難にする事由が生じたとき。

7　相手方に対する詐術その他の背信行為があったとき。

第9条（契約期間）

本契約の有効期間は、平成○年○月○日から平成○年○月○日までの1年間とする。ただし、本契約期間満了の1ヶ月前までに、両者で協議合意した条件で本契約を更新することができるものとする。

第10条（協議解決）

本契約に定めのない事項、または本契約の条項の解釈につき疑義の生じた事項については、甲乙協議のうえ解決する。

第11条（管轄裁判所）

本契約について紛争が生じた場合、○○地方裁判所を管轄裁判所とする。

本契約締結の証として本書2通を作成し、甲乙記名捺印の上、各1通を保有することとする。

平成　　年　　月　　日

甲

乙

MEMO

事例 45

従業員の副業

WEB制作会社の人事担当をしています。従業員Rが副業でネットショップをやっているという話を聞きました。当社の就業規則には副業禁止の旨を規定していますので、懲戒処分の対象となります。Rを呼んで真偽を確かめようとしたところ、「給与もボーナスもカットされて生活が苦しい。余暇にやっている副業くらい認めるべきだ」と言われてしまいました。

失敗のポイント

　一律に副業禁止としていました。賃金の減額や残業時間の減少等により、副業を希望する人は増えています。社会全体としては副業容認の方向へ動いており、職業選択の自由から言っても、無条件で副業禁止とするのは認められにくいと考えられます。

　また、副業禁止の規定に違反をしていても、実際に業務に支障がなければ、懲戒処分にすることは難しいでしょう。

正しい処理

就業規則で副業を全面的に禁止している場合は、許可制や届け出制を検討するとよいでしょう。副業を認める基準を明確にし、本業に支障が出ないようにリスク管理をすることも大切です。

[解説]

民間企業の従業員が副業をすることに関して、労働法には特に規定はありません。就業時間外に何をしようと従業員の自由ですから、仕事をしていても構わないはずです。しかし、多くの企業では、副業禁止の規定を設けています。その理由としては、次のようなものが挙げられます。

- ・心身の疲労や雑念で、本業へ支障が出るおそれがある
- ・残業や休日出勤を命じられなくなると困る
- ・顧客情報や技術情報の漏えいが心配

しかし、賃金カット・ボーナスカットや残業の削減等による従業員の収入減に対応する施策の一つとして、副業を容認する企業も増えているようです。ネットショップやアフィリエイトのようにインターネットを使って

収入を得ることも簡単になっており、余暇や休日を使って副業を希望する人は増えています。

裁判例では、就業時間外は労働者に委ねられていることから、全面的に副業を禁止することは不合理であるという前提に立っています。就業規則によって禁止できる副業は、会社の秩序を乱し、労務の提供に支障があるような場合に限られるとするのが一般的です。ですから、就業規則の副業禁止規定に違反したということのみで、懲戒処分を行うのは認められにくいと言えます。

これまで副業を禁止していた会社の対応としては、会社の許可制あるいは届出制として認める、完全解禁にするということが考えられますが、本業への支障が出ないようにしたいもの。自社と競合するような副業は禁止する、本業の会社名や肩書を使用することを禁止する、情報漏えいや疲労の蓄積がないよう指導する等の対応が必要になります。

事例46

労働契約の更新

当社には１年の期間を定めて雇用している契約社員がいます。この者の契約を更新する（１回目）にあたり、今度は１年ではなく３ヶ月の契約で提示をしました。会社の状況が変化しているときで、先がわからないからです。しかし、本人は１年の契約を主張し、「３ヶ月などという短い期間は不当で、不利益変更にあたる」と言ってきました。雇用契約書には更新時の期間についてとくに定めなかったので、仕方なく１年で契約更新をしました。この１年間は解除できないということですよね。

失敗のポイント

最初の契約の時に、更新時のことを明確にして説明していませんでした。「１年単位で更新する」といった定めをしていなければ、会社は１年の契約で更新する義務はありません。更新時に提示した条件で折合わなければ、更新がされないだけです。

正しい処理

今回のケースでは、3ヶ月の期間を定めて更新でもかまいませんでした。ただし、これまで1年の契約で数回更新されてきたのであれば、従業員は次も1年の更新がされると期待しますので、会社もこれに拘束されると考えられます。トラブルを防ぐためには、契約時に更新について明確にし、合意しておくことが大切です。

[解説]

期間を定めて雇用する場合、会社はその期間について雇用を保障する義務があります。1年の契約をしたのであれば、3ヶ月や6ヶ月で途中解約することはやむを得ない事由がない限り認められません。従業員側も、やむを得ない事由がない限り、1年の間は労務を提供する義務を負うことになります。今回のケースでは、すでに1年の契約で更新をしましたので、この1年間は途中解除ができません。

有期雇用契約は、契約の更新時にトラブルが多く発生します。最初に契約した期間が満了して退職するのであれば問題は起こりませんが、契約更新を繰り返している場合には、従業員は次も同じ条件で更新されることを期待します。正当な理由なく更新の拒否をすることは認められず、3回以上更新しているか、1年を超えて継続雇用している場合は、正社員と同じように解雇予告制度（30日以上前の予告または平均賃金30日分以上の手当）が適用されます。

今回のケースは、初めての契約更新ですから、雇用契約にとくに定めがない限り新たに3ヶ月の更新としても問題はありませんでした。契約の内容で折合わなければ、更新がされないというだけです。しかし、最初の契約時に更新について説明が十分でなかったために誤解があったのでしょう。トラブルを防ぐためには、契約締結時に、更新の有無について、更新する場合の判断の基準について等を明示しておくことが必要です。

なお、契約期間を定める際には、最初の契約時も、更新時も、契約の目的に照らして必要以上に短くならないように配慮しなければならないとされています（労働契約法第17条2項）。会社側の都合で契約解除しやすいように、細切れな契約期間を定めるのは望ましくないということです。

事例 47

業績不振による賃金カット

印刷業を営んでいます。従業員は20名です。取引先の倒産もあって経営回復の見込みもなく、従業員の賃金をカットせざるを得なくなりました。来月から一律に20％カットする旨を朝礼で伝えましたが、その場でとくに異議を唱える者はいませんでした。

失敗のポイント

賃金カット等、労働条件を不利益変更する場合は、原則として従業員の個別同意が必要です。朝礼で賃金カットの旨を伝えて、その場で異議がなかったからといって「同意した」とすることはできません。

また、「一律20％」の賃金カットが妥当なのかどうかも検討する余地がありそうです。

正しい処理

賃金カットせざるを得ない場合には、十分な説明義務を果たしたうえで、書面で従業員の同意を取りましょう。法律上の決まりはありませんが、一般的には10％を超える賃金カットは従業員の生活に多大な影響を与えるとされています。また、全員一律にカットするのではなく、賃金が高い役職者のカット率を高めに、賃金が低い若手従業員のカット率を低めにするなど、社員の生活を保障できる範囲で検討してください。

[解説]

賃金をはじめとする労働条件の切下げは、一方的に行うことはできません。従業員の個別の同意を得るのが原則です。のちのトラブルを防ぐためにも、書面で従業員の個別の同意を得るようにしてください。

同意を得ようとする際は、自社の置かれている状況を説明して、賃金カットの必要性を理解してもらうと同時に、今後の再建計画について議論することが必要でしょう。今回のケースのように、朝礼で賃金カットの旨を伝えるだけでは、従業員の中に大きな不安を呼び起こします。優秀な人材が辞めていき、再建もままならない事態を招きかねません。

また、突然、一律に賃金を20％カットすることは合理的と言えません。賃金カットについて法律上は規定がありませんが、一般的には10％を超える賃金カットは従業員の生活に大きな影響を与えると考えられ、慎重に行うべきです。経営に責任がある上層部の賃金からカットしたり、管理職10%、一般職5%のようにカット率を変えることも考えられます。賃金額の低い若手従業員の賃金を20%もカットすると、生活ができなくなってしまうかもしれません。すべての従業員の最低限の生活が保障される範囲内で検討してください。

そのほか、基本給より手当等からカットしていくほうが、影響が小さくてすみます。漠然と「しばらくの間、耐えてくれ」と言うのではなく賃金カットの期間を決めておくことも大切です。

賃金カットの上限は10%か

賃金カットについて法律には規定がありませんが、一般的に賃金カットの上限は10%が目安と考えられています。その根拠は労働基準法に定められた減給の制裁の規定です。

労働基準法第91条

就業規則で、労働者に対して減給の制裁を定める場合においては、その減給は、1回の額が平均賃金の1日分の半額を超え、総額が一賃金支払期の賃金総額の10分の1を超えてはならない。

従業員の生活がありますから、一度に大幅な賃金カットをしないように決められているのです。

事例 48

就業規則による労働条件の不利益変更

全国に20店舗ほどを持つリサイクル店の人事担当をしています。当社の所定労働時間は1日7.5時間なのですが、店舗の営業時間を延長するのに伴って、所定労働時間を8時間に変更したいと思います。従業員の個別同意を得るのは大変なので、就業規則を変更することによって労働条件を変更したいです。就業規則を変更して、それを周知すれば足りますか。当社には労働組合はありません。

失敗のポイント

一方的に就業規則を変更して、労働条件を変えることはできません。勤務時間の延長等、労働条件の不利益変更は、原則として従業員の個別の同意が必要です。就業規則の変更によって労働条件を変更する場合は、その合理性を個別具体的に判断されます。合理性が認められなければ、延長した時間分の割増賃金支払の請求がされる可能性があります。

正しい処理

代償措置を検討し、従業員と交渉する等の手続きが必要になります。個別の同意を得るのが大変でも、まずは従業員に説明して同意を得るようにし、大半の同意を得てから就業規則を変更するのであれば合理性も認められやすいでしょう。

［解説］

労働条件を一方的に不利益変更することはできません。原則は従業員の個別の同意が必要なのですが、ある程度の規模の会社では、従業員一人ひとりの同意を得るのが困難となります。

労働組合がある場合、労働組合法第17条による「労働協約の拡張適用」によって、個別の同意を得ることなく全従業員に労働協約の内容を適用させることができます。労働者の4分の3以上の多数でもって構成される労働組合と、新たな労働条件について労働協約を締結した場合は、その内容が全従業員に適用されるのです。

労働組合がない場合、就業規則を変更することによって労働条件を変更することも、合理性があると判断されれば認められます。合理性の判断の基準は、判例から以下の7つの要素が導き出されています。

1. 使用者側の変更の必要性
2. 就業規則の変更により労働者が受ける不利益の内容・程度

3.　変更後の就業規則の内容自体の相当性
4.　代償措置その他関連する他の労働条件の改善状況
5.　労働組合等との交渉の経緯
6.　他の労働組合または従業員の対応
7.　同種事項に関する社会一般的状況　等

単に変更後の就業規則を周知しても、合理性があるとは認められず、新たな労働条件が無効となる可能性が高いです。まずは労働条件変更の必要性等を説明して従業員と交渉をしましょう。不利益の程度によって、代償措置を検討することも必要となります。大半の従業員の同意を得たのちに、就業規則を変更することで反対者にも適用させるようにすれば、合理性も認められやすいでしょう。

労働契約法第１０条

使用者が就業規則の変更により労働条件を変更する場合において、変更後の就業規則を労働者に周知させ、かつ、就業規則の変更が、労働者の受ける不利益の程度、労働条件の変更の必要性、変更後の就業規則の内容の相当性、労働組合等との交渉の状況その他の就業規則の変更に係る事情に照らして合理的なものであるときは、労働契約の内容である労働条件は、当該変更後の就業規則に定めるところによるものとする。ただし、労働契約において、労働者及び使用者が就業規則の変更によっては変更されない労働条件として合意していた部分については、第12条に該当する場合を除き、この限りでない。

事例 49

モデル就業規則をそのまま使う

設立してまだ１年の会社の代表をしています。従業員が１０名以上になったので、就業規則を作成して届け出なければならなくなりました。インターネット上で、モデル就業規則を手に入れて、少し加工しました。事業立ち上げから一緒にやっている従業員のＹに見せ、意見書を提出してほしいと伝えたところ、「休職期間が２年になっていますが、大丈夫ですか？」と言われてしまいました。

失敗のポイント

就業規則は、従業員も会社も拘束することになる大切なルールブックです。モデル就業規則をそのまま使ったり、他社の就業規則を流用するのは危険です。従業員１０名の会社で、休職期間２年間は長すぎるでしょう。

正しい処理

就業規則は労働契約の一部になります。あとから変更するにも、原則として従業員の個別同意が必要になります。作成・提出が義務だからと適当に作ってしまわずに、自社に合った就業規則を作成することが大切です。

[解説]

常時10人以上の従業員を使用する事業場は、就業規則を作成して所轄の労働基準監督署に届け出なければなりません。就業規則に記載すべき事項は、労働基準法第89条で定められています。

1. 始業および終業の時刻、休憩時間、休日、休暇ならびに労働者を2組以上分けて交替に就業させる場合の就業時転換に関する事項
2. 賃金(臨時の賃金を除く)の決定、計算および支払の方法、賃金の締切りおよび支払の時期ならびに昇給に関する事項
3. 退職に関する事項(解雇に関する事項を含む)
4. 退職手当の定めをする場合においては、適用される労働者の範囲、退職手当の決定、計算および支払の方法ならびに退職手当の支払時期に関する事項

5. 臨時の賃金等(退職手当を除く)および最低賃金に関する事項
6. 労働者の食費、作業用品その他の負担に関する事項
7. 安全衛生に関する事項
8. 職業訓練に関する事項
9. 災害補償および業務外の傷病扶助に関する事項
10. 表彰および制裁の種類および程度に関する事項
11. その他当該事業所の労働者のすべてに適用される事項

※1～3は「絶対的必要記載事項」で、必ず記載しなければならない。4～11は「相対的必要記載事項」で、制度を設ける場合は記載しなければならない。

こういった必要記載事項を漏れなく記載するためには、モデル就業規則が参考になるでしょう。しかし、そのまま使用すれば自社に合わない規定が出てきます。今回のケースで出てきた、長い休職期間も典型的な例の一つです。1年や2年といった長期の休職期間を定めるのは、中小企業では負担になることが多いものです。のちのちトラブルにならないように、自社に合う規定を整備しましょう。

なお、就業規則を作成・変更する際には、従業員の過半数を代表する者から意見を聴くことが義務付けられています。これは、「同意」を必要としているわけではないので、反対意見が書かれているものであっても手続き上は問題ありません。所轄の労働基準監督署に、作成した「就業規則」と「就業規則(変更)届」に「意見書」を添えて提出することになります。

就業規則（変更）届

平成　　年　　月　　日

　　　　　　労働基準監督署長 殿

今回、別添のとおり当社の就業規則を制定（変更）致しましたので、従業員代表の意見書を添付の上、提出します。

事業所の所在地

事業所の名称

使用者　職・氏名　　　　　　　　　　　　　　　　㊞

意見書

平成　　　年　　　月　　　日

＿＿＿＿＿＿＿＿＿＿＿＿＿＿＿＿殿

平成　　　年　　　月　　　日付をもって意見を求められた就業規則案について、下記のとおり意見を提出します。

記

＿＿＿＿＿＿＿＿＿＿＿＿＿＿＿＿＿＿＿＿＿＿＿＿＿＿＿＿＿＿

＿＿＿＿＿＿＿＿＿＿＿＿＿＿＿＿＿＿＿＿＿＿＿＿＿＿＿＿＿＿

＿＿＿＿＿＿＿＿＿＿＿＿＿＿＿＿＿＿＿＿＿＿＿＿＿＿＿＿＿＿

＿＿＿＿＿＿＿＿＿＿＿＿＿＿＿＿＿＿＿＿＿＿＿＿＿＿＿＿＿＿

＿＿＿＿＿＿＿＿＿＿＿＿＿＿＿＿＿＿＿＿＿＿＿＿＿＿＿＿＿＿

＿＿＿＿＿＿＿＿＿＿＿＿＿＿＿＿＿＿＿＿＿＿＿＿＿＿＿＿＿＿

＿＿＿＿＿＿＿＿＿＿＿＿＿＿＿＿＿＿＿＿＿＿＿＿＿＿＿＿＿＿

以上

従業員代表　　　　　　　　　　㊞

事例 50

就業規則を周知していない

従業員10名ほどの会社を経営しています。従業員の労働条件は、採用時に書面で渡しています。先日、新たに採用した従業員から「就業規則のコピーが欲しい」と言われました。コピーを渡さなければなりませんか。

当社の就業規則は通常、金庫にしまっており、求められなければ見せていません。

失敗のポイント

就業規則は従業員に周知しなければ有効になりません。必ずしもコピーを渡す必要はありませんが、いつでも閲覧できるようにしておく必要があります。金庫にしまっておいて、従業員が申し出なければ確認できないといった方法は不適切です。

正しい処理

就業規則は、各作業場で見やすい場所に備え付けたり、書面を交付したり、パソコン等の端末に入れておくなどして、いつでも確認ができるようにしておきます。職場のルールは周知してはじめて、従業員に対しても拘束力が出るのです。

[解説]

就業規則をせっかく作成しても、周知しなければ有効となりません。裁判例でも、「就業規則が法的規範としての性質を有するものとして、拘束力を生ずるためには、その内容を適用を受ける事業場の労働者に周知させる手続きが採られていることを要する」としています(フジ興産事件　平15.10.10　最高裁)。

ですから、就業規則に懲戒の規定があっても、それが周知されていなければ、懲戒自体が無効となってしまいます。就業規則を従業員に見せないのは会社にとってリスクが高くなります。また、労働基準法第106条には就業規則の周知義務について定められており、これに違反すると罰金(30万円以下の罰金)の対象になります。

周知の方法としては、次のようなものがあります。

1. 常時各作業場の見やすい場所へ掲示、または備え付ける

2. 書面を従業員に交付する

3. パソコンのデータを共有する

就業規則は変更することもありますし、社外へ持ち出される（合同労組へ持ち込まれる等）のが心配ということもあるかもしれません。そういう場合は、コピーを渡すよりも、見やすい場所へ備え付け、データ共有等によって周知すればいいでしょう。

事例 51

労働者代表の選出

食品加工業の会社で人事担当をしています。就業規則を一部変更することになり、作業を進めています。労働基準監督署に、就業規則変更届を提出する際、労働者代表の意見書を添付することが必要なので、代表を選びました。流通部の部長が指名したＴという従業員が代表となることを承諾したので、これを社内メールで流し、「○月○日までに異議のある人のみ人事部まで連絡をください」としました。

失敗のポイント

労働者代表の選出手続きが適正ではありません。「異議のある人のみ連絡」では、賛成か反対か明確にならず、民主的な方法とは言えないでしょう。

正しい処理

就業規則を作成・変更する際、労働者の過半数を代表する者が意見を述べることになります。労働者代表は、管理監督者でないこと、目的を明確にして民主的な手続きによって選出することが必要です。挙手、投票等によって適正に選出しましょう。

[解説]

就業規則の作成・変更や、時間外労働に関する協定（36協定）等、各種の労使協定を結ぶ際には、その相手方として労働者の過半数を代表する者を選出する必要があります。この過半数代表者選出にあたっては、次の要件をいずれも満たさなければなりません。

1. 管理・監督の地位にある者でないこと
2. 法に規定する協定等をする者を選出することを明らかにして実施される投票、挙手等の方法による手続きにより選出された者であること

選出は、投票、挙手のほか、労働者同士の話し合い、持ち回り決議等、労働者の過半数がその労働者を支持していると認められる方法によって行い

ます。使用者側が一方的に指名したり、親睦会の代表者、一定の役職者を自動的に労働者代表とするようなことは認められません。メールで投票すること自体はかまいませんが、今回のケースのように「異議のある者は連絡をするように」といった方法は不適切です。

就業規則の変更にあたって、労働者の代表を選出する必要があることを明らかにし、民主的な方法によって選出しましょう。

なお、分母となる「労働者」には、管理監督者も含まれます。労働基準法では、労働者代表を選出する母集団には、管理監督者や休職期間中の者も含め、労働基準法第9条の労働者の定義に該当する者すべてを含むという考え方を示しています。管理監督者は代表者にはなれないが、選挙権はあるということになります。

事例52

パートタイマーの就業規則がない

小さな制作プロダクションを経営しています。当社では、パートタイマー用の就業規則をとくに作成していません。パートタイマーの労働条件は、労働条件通知書によって知らせています。先日、パートタイマーのAから「結婚したのだが、慶弔金はもらえないのか」と質問されました。社員用の就業規則には慶弔金の規定がありますが、パートタイマーには適用させるつもりはありませんでした。

失敗のポイント

パートタイマー用の就業規則を作成していませんでした。個別の労働契約で正社員とは異なる処遇を伝えていても、パートタイマー用の就業規則がないと、正社員の就業規則が適用される可能性があります。

正しい処理

パートタイマー用の就業規則で、正社員と異なる処遇を明確に定めていない限り、正社員と同じように慶弔金を支給するほかありません。慶弔金のほか、休職制度や退職金についても同じことが言えます。それぞれの雇用形態に応じた就業規則を作成しておきましょう。

［解説］

正社員用の就業規則とパートタイマー用の就業規則が分かれていれば問題はないのですが、パートタイマー用の就業規則がない場合、個別の労働契約で正社員と異なる処遇を定めていたとしても、正社員の就業規則が適用される可能性があります。

労働基準法第93条には「就業規則で定める基準に達しない労働条件を定める労働契約は、その部分については無効とする。この場合において無効となった部分は、就業規則で定める基準による」とあります。

ですから、慶弔金や休職制度、退職金の支給など、正社員のみに適用させるつもりでいても、全従業員に適用されるという解釈の余地があります。会社にとっては想定外のリスクが生じることがあるのです。

正社員とパートタイマーで処遇が異なる場合は、それを明確にして就業規則に明記しておくことが必要です。

パートタイマー用の就業規則を別途作成するのではなく、正社員用の就業規則を用いることも可能です。パートタイマーに適用させない事項については、その都度「ただし、パートタイマーについては適用しない」と記載しておくのです。基準が異なる部分については、「この第○条及び第○条の規定は、パートタイマーに適用する。ただし、第○条『……』とあるのは『……』と読み替えるものとする」と定めておきます。

しかし、パートタイマーが就業規則を見て正社員との処遇の違いを不満に思うこともあるかもしれませんし、わかりにくくなるのも難点です。正社員用の就業規則をベースにして、別途パートタイマー用就業規則を作成したほうがトラブルは起こりにくいと考えられます。

規定の優先順位

法令＞労働協約＞就業規則＞個別の労働契約

労働基準法で定める基準に達しない労働協約、就業規則はその部分について無効となり、就業規則で定める基準に達しない個別の労働契約は、その部分について無効となります。無効となった部分は、それぞれ労働基準法で定める基準、就業規則で定める基準が適用されます。

就業規則の種類

就業規則とは、職場でのルールや労働条件に関する規則のすべてを定めたものを言い、賃金規程、旅費規程、慶弔金規程等もすべて含みます。また、パートタイマーや嘱託社員等の雇用形態によって労働条件等が変わりますから、それぞれに適用される就業規則が必要になります。

これらすべての規程を一つの就業規則に網羅するのは合理的でないので、本体に委任規定を設け、それに基づいて別規程を作成するのが一般的です。ただし、別規程も就業規則の一部には変わりありませんので、労働基準監督署へ届け出ることが必要です。

規程名	概要
賃金規程	賃金に関する事項を定めた規程です。
退職金規程	退職金の定めがある場合は、就業規則に記載しなければなりません。
育児・介護休業規程	育児・介護休業はすべての会社が定めておくべき事項です。運用について細かく規定する必要があるため、別規程として整備するのがいいでしょう。
旅費規程	出張旅費に関する規程です。海外出張がある場合は、それについても別途必要です。
慶弔金規程	慶弔見舞金に関する規程です。
個人情報保護規程	個人情報保護法に基づく規程です。

MEMO

事例 53

パートタイマー用就業規則の意見聴取

ブライダルショップの経営をしています。パートタイマーが増えてきたのでパートタイマー用の就業規則を作成することにしました。パートタイマーの中から代表者を選出し、意見書を書いてもらいました。このパートタイマー用就業規則は、正社員にはとくに見せていません。

失敗のポイント

パートタイマー用の就業規則は、就業規則の一部として取り扱われます。パートタイマーの代表のみに意見を聴けばいいのではなく、全従業員の過半数を代表する者に意見を聴かなければなりません。

正しい処理

全従業員の過半数を代表する者に意見を聴きます。さらに、パートタイマーの代表に意見を聴くことが努力義務となっていますので、パートタイマーの過半数代表者を選出して意見を聴くか、パートタイマー向けに説明会等を開催して意見を聴くとよいでしょう。

［解説］

就業規則の作成・変更は、労働者の過半数を代表する者の意見を聴き、労働基準監督署への届け出をしなければなりません。パートタイマー用の就業規則を作成したときも同様です。パートタイマー用就業規則も就業規則の一部として取り扱われますので、正社員等を含めた全従業員の過半数を代表する者に意見を聴く必要があります。パートタイマーの就業規則についてはパートタイマーのみ、嘱託社員の就業規則については嘱託社員のみに意見を聴くというのは適切ではありません。

ただし、パートタイム労働法第7条には次のような定めがあります。

「事業主は、パートタイム労働者に係る事項について就業規則を作成し、又は変更しようとするときは、当該事業所において雇用するパートタイム労働者の過半数を代表すると認められるものの意見を聴くように努めるものとする。」

つまり、法定の手続きとは別に、パートタイマー代表の意見を聴くことが望ましいとしているのです(義務ではありません)。

一般的には、パートタイマー向けに就業規則の説明会等を開催し、質問を受付けるような形で意見を聴くようにしている企業が多いようです。

事例 54

社内恋愛禁止の就業規則

アパレル商社の人事担当をしています。イケメンの若手営業マンＡと店舗スタッフＢとが恋人関係になり、他のスタッフのモチベーションが下がったり、ちょっとしたトラブルになったりしているようです。痴話喧嘩でＢも仕事が手につかないような状況になるときがあると聞いています。

Ａは業績も上げていて社内の評価も高いのですが、恋愛がらみのことでの影響には困っています。トラブルを予防するため社内恋愛禁止の旨を就業規則に規定したいと思っています。問題はあるでしょうか。

失敗のポイント

恋愛は個人の自由。私生活上の行為であり、就業規則で社内恋愛そのものを禁止することはできません。たとえ就業規則に社内恋愛禁止の規定をしていても、それを根拠に懲戒等を行うのは無効とされる可能性が高いです。

ただし、業務に支障が出ているのであれば問題です。具体的行動について注意・指導を行い、場合によっては配置転換等の必要も出るでしょう。

正しい処理

「職場の風紀・秩序を乱さないこと」といった服務規律を定めて、抑止力を目的にするのはかまいません。今回のケースでは、Bさんをえこひいきする、勤務時間中に私的なメールをしている等、実際に業務に支障が出るような行動をしていれば、それについて注意・指導をしましょう。

[解説]

社内恋愛に対して厳しい態度をとる会社もあり、従業員が社内恋愛禁止に違反したら、配置転換や懲戒処分を行うという話も聞きます。しかし、恋愛は個人の自由です。社内恋愛そのものを禁止することはできません。就業規則に社内恋愛禁止という規定を入れたとしても、それを根拠にした懲戒は無効とされる可能性が高いです。

社内恋愛を禁止したいという背景には、

・情報漏えいのリスクを回避したい

（上司が恋人である部下に対し、成績を上げてほしいがために機密情報を漏らすなどのリスク。情報の不平等が生まれるリスク。）

・セクシャル・ハラスメントを予防したい

（社内恋愛がこじれた場合、セクシャル・ハラスメントとして訴訟に発展するおそれがある。）

・職場の風紀・秩序を維持したい

（職場内でベタベタしたり、痴話喧嘩があれば雰囲気が悪くなり、他の従業員に影響が出る。）

といったことがあるでしょう。

社内恋愛自体を禁止にすることはできませんから、それぞれ具体的な問題に対して対処していくほかありません。たとえば恋人の成績を上げさせることを目的として情報を漏えいしたのであれば、その行為に対して注意・指導を行い、就業規則等に違反していれば懲戒をすることも可能になります。実際に業務に支障がある場合は、具体的行動に目を向けて指導、場合によっては処分を行うのです。

「個人的な恋愛感情によって職場の風紀・秩序を乱さないこと」といった服務規律を就業規則に入れて、抑止力とすることは問題ありません。一律に恋愛禁止とするのでなく、職務に専念してほしいことを伝えるのです。仕事に差し障りがない限り、社内恋愛はモチベーションアップになることもありますし、温かく見守る考え方もあるでしょう。

裁判例　繁機工設備事件（平元.12.27　旭川地判）

Ｙ社の女性従業員Ａと妻子のある男性従業員Ｂは不倫関係にあり、Ｙ社代表はＡに対し社内の風紀に悪影響を及ぼしたことを理由に解雇を通知した。裁判では、不倫自体は不法行為だが、企業運営に具体的な悪影響があったわけではないことから、解雇無効とされた。

「Ａが妻子あるＢと男女関係を含む恋愛関係を継続することは、特段の事情のない限りその妻に対する不法行為となる上、社会的に非難される余地のある行為であるから、Ｙ社の就業規則の『従業員が素行不良で職場の風紀・秩序を乱した場合には懲戒をなし得る』の『素行不良』に該当し得ることは一応否定できない。

しかし、上記規則の『職場の風紀・秩序を乱した』とは、これが従業員の懲戒事由とされていることなどから、Ｙ社の企業運営に具体的な影響を与えるものに限ると解すべきであるが、ＡとＢの交際がＹ社の風紀・秩序を乱し、その企業運営に具体的な影響を与えたと認めるに足りる疎明はない。」

事例 55

古い就業規則を使っている

総合商社の人事部に最近配属された者です。当社就業規則は、20年以上前に作られた古いものです。総務人事部に備え付けてあるのですが、紙の就業規則しかなく、データがありません。確認してみると、現状と合わない部分が多々あります。法律違反の部分もあると思います。

個別の労働契約書等で済ませてきたようなのですが、この就業規則も有効なのでしょうか。

失敗のポイント

就業規則を改訂していませんでした。古い就業規則であっても有効ですから、そのまま置いておくのは危険です。トラブルが起こったときに、会社が不利になる可能性が高いです。

正しい処理

就業規則は実状に合わせてバージョンアップしていきましょう。労働法は毎年のように改正があり、改正法にも対応していかなければなりません。働き方・価値観は多様化しており、労働トラブルも増加していますので、早急に改訂することをおすすめします。

[解説]

労働基準法第92条により、規定の優先順位は次のようになっています。

法令＞労働協約＞就業規則＞個別の労働契約

法令に達していない就業規則は、その部分について無効とされ、法令に定められた基準が適用されます。就業規則で定める基準に達していない個別の労働契約は、その部分について無効となり、就業規則で定める基準が適用されます。

たとえば、個別の労働契約では休職期間を6ヶ月としていても、就業規則に2年とあれば、就業規則の規定のほうが優先されますので、2年となります。

古い就業規則をそのままにしていると、現状に合わない部分が多々あるかと思いますが、古い就業規則も有効になりますので注意が必要です。退職金や休暇制度等、就業規則で定めている基準のほうが高ければ、従業員に請求されても拒否はできなくなります。

また、労働法は毎年のように改正があり、これにも対応しなければなりません。法令の基準に達していない就業規則の規定は無効とされますが、労使トラブルが起こったときに、法令違反の就業規則では会社が不利になることは間違いありません。

古い就業規則をそのまま置いておくのは危険です。法改正や実状に合わせて、随時バージョンアップしていきましょう。

参考文献

・『人事労務の実務事典〈1〉採用・退職・社内規定』
　畑中義雄、瀧田勝彦、本領晃、小林妙子（著）、秀和システム

・『ケーススタディ労務相談事例集1 基礎知識＆労働契約に関する相談編』
　労働調査会出版局（編）、社団法人　全国労働基準関係団体連合会

・『ケーススタディ労務相談事例集3 解雇・退職その他の相談編』
　労働調査会出版局（編）、社団法人　全国労働基準関係団体連合会

・『ケーススタディ労務相談事例集プラスα』労働調査会出版局（編）、
　社団法人　全国労働基準関係団体連合会

・『小さな会社のトクする人の雇い方・給料の払い方』
　井寄奈美（著）、日本実業出版社

・『今すぐ売上・利益を上げる、上手な人の採り方・辞めさせ方』
　内海正人（著）、クロスメディア・パブリッシング

・『労務管理における労働法上のグレーゾーンとその対応』
　野口大（著）、日本法令

・『すぐに役立つ会社と上手に渡り合う!労使トラブルの実践的解決法ケース別83』
　千葉博（監修）、三修社

・『最新 知りたいことがパッとわかる就業規則の落とし穴がわかる本』
　伊藤康浩（著）、ソーテック社

・『労務管理のことならこの1冊』高橋幸子（著）、自由国民社

・『キチンとできる!会社の就業規則の作り方 』山田順一朗（著）、TAC出版

辻・本郷税理士法人

平成14年4月設立。東京新宿に本部を置き、青森、八戸、盛岡、秋田、仙台、上越、館林、吉祥寺、横浜、小田原、伊東、名古屋、大阪、京都、福岡、大分、沖縄に支部がある。全体のスタッフ数は550名（関連グループ会社を含む）。うち公認会計士・税理士が178名（試験合格者を含む）。税務コンサルティング、相続、事業承継、M&A、企業再生、医療、公益法人、移転価格、国際税務など各税務分野別に専門特化したプロ集団。弁護士、不動産鑑定士、司法書士との連携により顧客の立場に立ったワンストップサービスとあらゆるニーズに応える総合力に定評がある。

〒163-0631　東京都新宿区西新宿1丁目25番1号　新宿センタービル31階
電話　03-5323-3301　FAX　03-5323-3302
URL　http://www.ht-tax.or.jp/

〈編著〉

辻・本郷税理士法人 HR室

平成14年4月1日　辻・本郷税理士法人設立

お客様サービスの一環として、東京新宿本部にてアウトソーシング事業をスタート。

支部展開が進むに伴い、お客様の立場に立ったワンストップサービスとあらゆるニーズに応えるため、辻・本郷税理士法人　HR室（Human Resources Service）を立ち上げ、「人事関連サービス業務」を開始。

社会保険労務士法人CSHRと連携し、人事制度（賃金制度・退職金制度・評価制度）構築及び作成、それに伴うシミュレーション等のコンサルティング業務、会社における様々な労務相談、社会保険届出業務、給与計算業務等、お客様の立場に立ったサービスを行う。

辻・本郷税理士法人の税理士・公認会計士との共同作業で会社経営全般の総合コンサルティングとしての実績に定評がある。

〒163-0631　東京都新宿区西新宿1丁目25番1号　新宿センタービル31階
電話　03-5323-3792

〈執筆協力者〉

高橋紀行（HR室・社労士）
細田真奈美（HR室・社労士）
伊藤寛子（HR室・社労士）
小林慶子（HR室）
井上彰（HR室）
桑原孝浩（社労士法人CSHR・社労士）
古田敏明（社労士法人CSHR・社労士）
佐藤真知子（HR室室長）

社労士が見つけた！
本当は怖い採用・労働契約の失敗事例55

2012年6月13日　初版第1刷発行

編著　辻・本郷税理士法人 HR室
編集協力　小川晶子（株式会社さむらいコピーライティング）
発行者　鏡渕　敬
発行所　株式会社 東峰書房
〒102-0074 東京都千代田区九段南4-2-12
電話　03-3261-3136　FAX　03-3261-3185
http://tohoshobo.jp/
装幀・デザイン　小谷中一愛
印刷・製本　㈱シナノパブリッシングプレス

©Hongo Tsuji Tax & Consulting 2012　ISBN978-4-88592-137-7　C0034